留心术

LIUXINSHU

留住金牌员工的十大秘诀

得人心者得天下　留人必得先留心

汪建民◎编著

台海出版社

图书在版编目(CIP)数据

留心术:留住金牌员工的十大秘诀 / 汪建民编著. --北京:台海出版社,2011.8

ISBN 978-7-80141-783-1

Ⅰ.①留… Ⅱ.①汪… Ⅲ.①企业管理:人事管理 Ⅳ.①F272.92

中国版本图书馆 CIP 数据核字(2011)第 163874 号

留心术:留住金牌员工的十大秘诀

编　　著:汪建民

责任编辑:姜　航

装帧设计:凡人装帧设计　　版式设计:通联图文

责任校对:李书秀　　责任印制:蔡　旭

出版发行:台海出版社

地　址:北京市景山东街 20 号，邮政编码:100009

电　话:010-64041652(发行,邮购)

传　真:010-84045799(总编室)

网　址:www.taimeng.org.cn/thcbs/defauit.htm

E-mail:th-cbs@163.com

经　销:全国各地新华书店

印　刷:北京柯蓝博泰印务有限公司

本书如有破损、缺页、装订错误,请与本社联系调换

开　本:710×1000　1/16

字　数:150 千字　　印　张:15

版　次:2011 年 9 月第 1 版　　印　次:2011 年 9 月第 1 次印刷

书　号:ISBN 978-7-80141-783-1

定　价:29.80 元

序言

得人心者得天下

从人力资源管理的角度来看,传统的方法只注重员工的选拔、招聘、绩效、薪酬管理,常常是从“管人”的角度去看待人力资源,结果常常落得狼藉的声名。

很多在台上活跃的所谓的管理大师把“管理”论得很复杂,有时复杂得连他们自己也不懂自己在讲什么,在做什么!这把那些本来就不太熟悉管理是什么东西的人吓了一大跳,原来要做一个好的管理者要学这么多的东西啊?

事实上,在管理的整个发展过程中,“人”始终是一个最基本的概念。任何一种管理理论,都是依据对人的一定看法而提出来的,各种管理理论的区别,归根到底是对人的理解不同。

管理的本质是“治人”,管理的方式是“人治”,管理的原则是“人伦”,管理的关键是“得人”,管理的前提是对“人性”的把握。

人性的实质,实在是个古老的话题,也是个没有标准答案的话题。不管是大哲学家,还是我们普通人,都有自己的认识。

而现实情况正如下面这则故事所讲:

远古时代,巨洪淹没大地,所有动物纷纷登上诺亚方舟以求逃生。善也急忙赶来,却遭诺亚阻拦,无法登船。诺亚说:“我只搭载成双成对者。”善闻言只好回到林中寻找能与自己匹配的对手,结果找恶做伴,一起登上诺亚方舟。从此以后,有善的地方,必有恶相随。

所以,我的认识是:

世界是美好的，还是丑恶的？一半美好，一半丑恶。

人性是善良的，还是邪恶的？半魔半道，半天使半撒旦。

至于为什么要探讨人性，目的就在于：

更好地解释、激发、引导、组织员工行为，更好地实现管理人性化。

人心不同，各如其面；人性不同，千奇百怪。人性是什么？人性的“性”是一个“竖心”旁加一个“生”字，所以，人性最直观的解释，就是人心里产生的东西，心里想的东西。

管理是什么？从字面上看，“管”者，制约也，是指对执行制度的监督、检查，丝毫不许偏差，其表现状态呈刚性。“理”者，梳理也，是按照人的情感、思路及价值取向等对人和事进行号脉诊疗，其表现状态呈柔性。

优秀的管理者不会让员工觉得他在管人。会管理的，不是“管”而是“理”，理解、打理员工的“心房”；理解、打理员工心里想的东西。

在所有组织中，90%左右的问题是相同的，不同的只有10%。而本书所提出的七大困惑正是这“90%左右的问题”。管理要走出这些困惑，就要直面人性。公司本是名利场，剥掉那些口号式管理理念的“画皮”，顺人性而为。

管理即人性，人性即人心，人心造时势。无论管理环境如何变幻，善于争取人心都是管理制胜的不二法门。“动人心者莫乎诚，结人心者莫乎利，固人心者莫乎和。”无论是“攻心”、“治心”，还是“合心”、“用心”，其根本都在“得心”。你能赢得人心，你就能赢得一切。

与心相约，就是与人相约。抓住人心就抓住了世界。搞懂了人心你就是管理大师，得人心者得天下。顺之者昌，逆之者亡。这是解脱管理困惑的最大奥秘。

最后请每一位管理者记住一句话：员工是永远没有错的，企业经营不好，绝对是管理者的责任。

CONTENTS 目 录

秘诀一

解决"背叛"问题 001

法国企业界有一句名言:"爱你的员工吧,他会百倍地爱你的企业。"没有什么比关心员工、热爱员工更能调动他们的积极性、提高忠诚度了。这种爱具有双重表现,一种是情感方面的爱,另一种就是利益方面的爱,两种爱都要做足。

秘诀二

解决“薪苦”问题 024

根据马斯洛的需求层次理论，人类的物质需求是最基本的需求，是人类生存的最起码条件。只有满足了这一需求，才谈得上更高层次的发展，才能进行更高级的精神创造。而员工的薪水问题，不仅关乎员工的生存，更关系着员工的价值实现。如果员工太“薪苦”，必然影响到他们的精神面貌，进而会影响到他们的忠诚度。

秘诀三

解决“抱怨”问题 045

常言道：言为心声，员工之所以抱怨在一定程度上说明了管理者的工作没做好。记住，员工总是对的，员工没做好不是员工不优秀，而是管理者没给员工足够的支持。如果员工没做好，领导们要从自身去寻找原因，给员工更多的支持、更多的帮助，这样，员工才会发自内心地感激领导，从而不再抱怨，不再弃你而去。

秘诀四

解决"痛苦"问题 068

在美国做管理,不需要感动员工,只要按合同支付报酬就行。而在中国,人们追求更多的不仅是金钱,还有感觉。归根究底,人们心理上最终追求的是生活的幸福,而不是有更多的金钱。因此,管理的终极目标应是幸福的最大化。从这个角度说,如何提升员工的幸福感,从而使其更快乐地为企业工作,成为摆在企业管理者们面前的新课题。

秘诀五

解决"窝里斗"问题 088

现代社会是合作的社会,个人英雄主义的时代已然过去。一个企业,只有所有员工"心往一处想,劲往一处使",才能形成巨大的合力,这个企业才能持续稳步向前发展。人其实是希望交往合作的,人人都需要他人的帮助,渴望有一个团结和睦的生活和工作环境,只有这样才能全力以赴地专心于自己的工作和事业。

秘诀六

解决"懈怠"问题 111

对于任何一个企业来说，员工都是最重要的资本。没有员工的努力工作，就没有企业的兴旺发达。员工的懈怠与松散是企业发展最大的敌人。要想解决员工的懈怠问题，就必须运用好激励的艺术。对于管理者而言，充分运用激励艺术，能够最大限度发挥员工的积极性、创造性和主动性。

秘诀七

解决"没奔头"问题 134

现代职场中，有很多人感觉没奔头，没有发展的空间，工作几年下来，自己的各方面能力不仅没有提升，反而把以前的东西给忘了。每天只是机械地工作工作再工作。如果从这个工作岗位上下来，很可能再也无法适应这个社会，于是乎就有很多人感叹："我的路为何越走越窄？"要想让员工有奔头，就要拓宽员工的发展道路，让他看到自己的希望。要做到这一点，企业就要对员工进行各方面的培训，提高员工自身的素质能力。

秘诀八 解决“受限”问题 159

现代职场中,有许多员工抱怨领导管得太多,整天像影子一样跟着自己,指手画脚。他们感觉工作起来没有一点自由度,缩手缩脚,很是施展不开,不仅工作受到了很大的限制而且还有种不被信任的失落感。如此一来,员工的积极性必然受到打击,进而产生跳槽离职的想法。要想解决这一问题,领导就要学会授权。成功的管理者懂得“越放权,自己手中的权力越大”这一道理。

秘诀九 解决“缺位”问题 185

人们常常抱怨自己的薪水太低，感叹中国企业无法跨入世界，希望中国经济更加强大，但却很少意识到，差之毫厘，谬之千里，彼此之间巨大的距离正是由于我们每个人差那么一点点造成的。这就需要改变人们的某个意识和习惯——做事不到位。而要想保证做事到位，就必须培养领导与员工的责任感。

秘诀十 解决“忘恩”问题 208

企业员工流失是企业感恩文化负面效应的集中反映，营造企业感恩文化氛围也是留住员工和使已流失的员工再主动回来的有效途径。一个优秀的企业除了事业留人、待遇留人、工作环境留人外，更重要的还是情感留人。留人先得留心，对员工多进行一些感情投资，员工就会记住你的情，就会对你充满感激，也就会对你忠诚。

秘
诀
一

解决"背叛"问题

法国企业界有一句名言:"爱你的员工吧,他会百倍地爱你的企业。"没有什么比关心员工、热爱员工更能调动他们的积极性、提高忠诚度了。这种爱具有双重表现,一种是情感方面的爱,另一种就是利益方面的爱,两种爱都要做足。

天要下雨,娘要嫁人

职场中,总能不断地听到企管们无尽的懊恼和叹息:

“优秀员工不顾我们的挽留,翩然而去;

“潜力员工不顾我们的期待,悄然远去;

“重点培养的员工不顾重托,撒手而去。”

而且,更让管理者们百思不得其解的是,似乎总是该走的没有走,不该走的却走了;平凡的没有走,优秀的却走了。于是,也总能听到企管们无奈的歌谣:我拿什么来留住你?我的员工!

是的,现实中,我们不难发现:管理者普遍感叹员工不够忠诚!甚至很多企业干脆明文规定,不要应届大学生,背后的原因很简单,不愿意去培养人才,培养也是白培养——往往是教会徒弟杀死师傅。

老板说:“天要下雨,娘要嫁人。”实际上就反映了上层管理者在员工忠诚问题上的一种无奈。

为什么走人走得这么快?为什么背叛得这么决然?我们困惑:

——我对他已经够好了,他为什么离开我?

——我给他的已经够多了,他为什么要背叛我?

你以为最稳定的却突然颠覆,你以为最信任的却突然消失。如今的人啊!真的搞不懂。有一首歌唱到“女人的心,天上的云”,而我们员工的心,也像天上的云一样,变幻莫测。

有一家企业,年销售收入超过3亿,净资产超过1.6亿,每年的采购任务接近1亿元。为了避免采购发生漏洞,企业老板把采购任务交由他儿子一个人承担。他没有料到儿子也会吃大笔的回扣,正是因为他儿子吃了回扣,采购的原材料价高质劣,使他企业所承担的一个对外加工订单因材料质量问题而遭受退货索赔,造成直接损失170多万美元,加上间接损失,蒙受损失总额折合人民币近3000万元,这还不包括品牌信誉的损失。

这个老板怎么也想不通，自己的儿子也会吃回扣。他只有两个孩子，大女儿已经出嫁，他的企业最终都是儿子的。并且对儿子花钱，他从不吝啬，儿子的手机差不多半年换一次，汽车也已经是“大林肯”了。

调查的结果是，他儿子包二奶，而这笔钱，他老爸是不会给的，儿子只好采取这个“下策”了。

儿子对老子都没有绝对的忠诚，可见，忠诚实在太难得了。无论我们的员工把《忠诚胜于能力》这本书看了多少遍，写了多么动听的读后感，你也不敢保证他永远的忠诚。

员工说：“出来打工一是为了挣钱养家；二就是找一份比较顺心和适合自己的工作。一旦其中一个条件和预计的相差甚远的时候，就是走人的时候了。”这是普通员工最普遍的心声。

假如我们问这个员工，你要的我都给你，你就能保证绝对忠诚吗？没有人会，也没有人敢做这个保证。即使员工做出了这样的保证，你会相信吗？

由此可见，忠诚是不能强求的，“天要下雨，娘要嫁人”，随他去吧。

“天要下雨，娘要嫁人”，从这句话的来历来看，这本来就是自然规律，这本来就是人性。

传说古时候有个名叫朱耀宗的书生，天生聪慧，满腹经纶，进京赶考高中状元。皇上殿试，见他不仅才华横溢，而且长得一表人才，便将他招为驸马。“春风得意马蹄疾”，循惯例朱耀宗一身锦绣新贵还乡。临行前，朱耀宗奏明皇上，提起他的母亲如何含辛茹苦，如何从小将他培养成人，母子俩如何相依为命，请求皇上为多年守寡一直不嫁的母亲树立贞节牌坊。皇上闻言甚喜，准允所奏。

当朱耀宗向其母述说了树立贞节牌坊一事后，原本欢天喜地的朱母露出了不安的神色，于是说出了想要嫁给朱耀宗的恩师张文举的想法。毫无思想准备的朱耀宗顿时被击倒了，“扑通”一下跪在朱母的面前：“娘，这千万使不得。您改嫁叫儿的脸往哪搁？再说，欺君之罪难免杀身之祸啊。”

正值左右为难、无可奈何之际，朱母不由长叹一声：“听天由命吧。”她随手脱下身上一件罗裙，告诉朱耀宗说：“明天你替我把裙子洗干净，一天一夜晒干。如果裙子晒干，我答应不改嫁；如果裙子不干，天意如此，你也不用再阻拦了。”这一天，晴空朗日，谁知当夜阴云密布，天明下起暴雨，裙子始终是湿漉漉的。朱耀宗心中叫苦不迭，知是天意。朱母则认认真真地对儿子说：“孩子，天要下雨，娘要嫁人，天意不可违！”事已至此多说无益，朱耀宗只得将母亲和恩师的婚事报告皇上，请皇上治罪。皇上连连称奇，降道御旨：“不知者不怪罪，天作之合，由他去吧。”

自然不可违，人性亦不可违。

感情，只要是别人的感情，你就永远无法把握。正如没有永远的朋友，只有永远的利益一样，没有绝对的忠诚，只有永远的利益。所以永远不要有最后的依靠，因为那往往最不可靠。

原因是什么呢？——人的欲望是无止境的。

人之初，不满足

人的本性不是人之初，性本善，而是人之初，不满足。

动物吃饱喝足了，除了嬉戏玩耍以外，一般都是很满足的样子，或散步，或静卧，或打盹，别的就没什么渴求了；而人却截然不同，人吃饱喝足了，都是还不满足的，都是闲不住的，总是会去寻找新的渴求，以求获得新的满足。

人类的进化史也证明了人的本性是不满足。从“赤身裸体”到“树叶遮羞”，再到“兽皮取暖”，以至于发展到现代这个异彩纷呈的流行时代，各式各样的服饰、发型、化妆等。正是人类对欲望的追求，从而使人类从一般动物种类中脱颖而出，成为现在的人类；其他动物，则由于容易满足，也就难于进步，或进步缓慢。

人的不满足，必然导致人们的渴求满足。

人们是抱着渴求满足的愿望和需要加入到各种组织单位中来。渴求满足的无非就是两个方面：物质需求与精神需求。物质需求是利，精神需求是名。职场本就是个名利场，再华美的说辞，也逃不出名和利二字。司马迁早把这些都说得很透彻了：“天下熙熙，皆为利来；天下攘攘，皆为利往。”

物质需求，就是从人的“经济人”角度讲的。泰罗认为：“工人方面的目标是：为他们的工作时间获得最大工资的普遍要求。”也就是经济方面的需求。

精神需求，就是从“社会人”角度来看。企业中的工人不是单纯追求工资和奖金的经济动物，也不是为了获取最大经济利益而被动地按上级指令行事的机器。他们还需要诸如满足快乐、满足权利支配欲、被尊重，等等。

那么，究竟是哪些欲望的不满足使得员工扔下老板撒手而去呢？

归纳起来，员工需要满足的欲望主要有四个：

一是物质欲望：工资待遇、年终奖金等。

二是情感欲望：领导的关心、认可、表扬等。

三是健康欲望：良好的工作环境、工作氛围等。

四是自由欲望：职位的晋升、带薪的假期等。

当这些环节在一个或几个方面发生了问题，员工就会决然而去。对于一个员工而言，名利双收是最好不过的愿望。

强求员工“为公司利益着想”、“为老板利益着想”，都是对人性的背叛，因为你背叛了人性，所以他就要背叛你。

同样，任何把“为公司利益着想”、“为老板利益着想”喊得震天响的人，都很容易被戳穿“画皮”，只要没了薪水，看不到前景，他们这些人跑得比谁都快。

任何管理的本质问题都是对利益的管理。每个加入到组织中来的人，其出发点都是为了自己的利益，这本身也是市场经济的一条准则。作为一个管理者，你必须清楚地看到这一点，并以此作为管理的依据，在你满足了员工利益的同时，你才能达成绩效，达成管理的目的。管理本身就是一种利益的交换。

当然，对名利的追求毋庸讳言，人的欲望本来就是不可灭的。

别人不说，就说提出“存天理，灭人欲”这一口号的南宋理学代表人物朱熹，见到两个尼姑不错，他就顾不得灭自己的“人欲”了，竟娶她们做了小妾。监察御史沈继祖上疏弹劾朱熹，除了举他娶二尼为妾的例子之外，还说朱熹与儿媳偷情，吓得朱熹慌忙上疏认错。

早就有通达之士看破了那些假道学、伪君子“存自己之天理，灭他人之人欲”的伎俩。如清初思想家颜元质问：“欲之不存，性将安附？”说明人若没有了欲望，也就失去了人之本性。

管理就是人性，管理就是对人的欲望的管理，管理的过程就是对人的欲望予以关注、激发、调控、满足的过程。

所以，如何让员工在企业中不但能衣食无忧，还能获得良好的精神满足，是我们顺应人性的首要问题。满意的员工才是有效率的员工，令人满意的组织才是有效率的组织。

“顺人欲”就是“从人性”，“从人性”才能得人心，得人心才能得发展。而人心是永远不会满足的，所以我们的管理工作也永远没有完结的时候。

“理”术不明，贤人难忠

孔子说过：“富而可求也，虽执鞭之士，吾亦为之。如不可求，从吾所好。”

什么意思呢?就是说:如果富贵可以追求到,即使是给别人做执鞭的这种下等差事,我也愿意去做。但如果富贵难求,我就按着我的爱好去干。

员工来我们这里做事,一为生存(财富),二为发展(兴趣)。

——“只要老板多给我钱,我就会拼命地干!”

——“只要公司能够满足我的需求,我就会一直忠诚下去!”

我们强调为自己工作,为自己工作,当然就是为自己着想。每个员工的内心都有自己的“小九九”。

其实,关于大河有水,小河满,锅里有了,碗里才有的道理,员工是知道的,但如果你不讲道义,员工就会有这样的担心——大河的水是否能流进我这条小河里,锅里的东西是否能分到我的碗里,究竟能分到多少?答应我的,是否能兑现?企业还有没有前途?等等诸如此类的问题。员工整天活在这种担忧中,能够安心工作吗?走人是迟早的事。如果员工在走之前,下定决心把自己的付出,自己的“损失”捞回来,那你就惨了。

对于员工,我们要注意一个现象就是:能力较差的员工,忠诚度往往比较高,这样的人还是有自知之明的,本来没什么能力,饭碗不被砸就不错了,哪还敢想什么跳槽,生存是主要的。但当我们的企业在经营上发生困难时,会实施裁员,而这些人必然首当其冲。所以,对这样的人我们一定要保证我们的忠诚,才能让他们安下心来工作,如果随便开除一个,就会让其他人“心惊胆战”的。

管理顾问斯温说:“那些最开明的企业在这点上很坦诚。它们会告诉员工,碍于竞争压力,它们无法保证给予他们工作保障,但会设法激励他们、帮助他们成长、奖励他们。这样至少能给他们带来一股工作激情和满足感。”

相对而言,能力较高的员工,忠诚度较低。

中国传统读书人,全部是在“修身、齐家、治国、平天下”的教育传统陶冶中成人。所以,他们把个人功名看得比生命还重要。他们的兴趣是注重自己的发展和未来，他们有两条人生宗旨，一条是司马相如的“做非常之人；干非常之事；立非常之功”，一个就是司马迁的“立身扬名，功显父母”。

他们之所以如此的雄心勃勃，就是自恃有能力，更主要的是他们思想上也很独立，像一个个人精，他们更相信“流自己的汗，吃自己的饭，自己的事自己干，靠天靠地靠祖上，不算是好汉！”“忠诚”对于他们是一个可有可无的要素，他们更需要的是锻炼和学习的机会。

对于这些人，做领导的，如果说你想留住他，就要给他机会——让他有奔头，能看到“黎明的曙光”。

在一个知名企业的年度总结会议上，一名员工站起来毫不留情地责问他的经理：“你每天对我们讲企业的愿景、企业的伟大目标，这跟我们员工有多大的关系？目标达成了以后我们会得到什么呢？为什么公司每天都在谈企业的愿景、谈企业的目标，却不谈一谈我们员工的愿景，关心一下我们员工的目标呢？十年以后公司的目标营业额将达到50个亿，甚至100个亿，如果我一直在这里为公司奋斗十年，我十年以后会得到什么，我会是什么样子？有谁告诉过我们这些关系到我们员工自身的问题？

经理被这个突如其来的问题惊呆了，所有在场的人也都安静了下来。因为，在那家企业里确实没有哪位领导主动提出过要考虑这些问题。这说明，即使企业的愿景很好，目标很伟大，它与员工也有很大的关系，但它在员工的心中是空洞的。这让员工觉得企业目标与他们的关系很遥远，当然也就不会对员工产生激励作用。

试想，当那个员工站起来问这些问题的时候，恐怕他去意已决，否则，即使他的胆子再大，也不会如此的直言不讳。这样的员工，一般都是自恃很有能力的。

那么，看我们自己的企业是不是也存在这样的问题呢？

皇明太阳能集团总裁黄鸣认为：对于人才，是狮子就给你一片森林，是老虎就给你高山，是蛟龙就给你江河。从这个意义上说，如果没有高山、森林、江河，老虎、狮子、蛟龙也就不可能存在。企业大小、薪金等只是员工去留的一部分关键因素，员工的发展空间、工作环境、信任、沟通同样必不可少。如果一个企业既不让员工快乐，也不让员工发展，还不让员工赚钱，那么优秀员工留下来的理由何在？

所以，留住人才的上策是，尽力在公司里扶植他们。管理顾问克雷格说：“设立高期望值能为那些富于挑战的有贤之士提供更多机会。留住人才的关键是，不断提高要求，为他们提供新的成功机会。”但是，切忌欺骗他们，正如英国管理学者罗杰·福尔克所说：“世界上最容易损害一个经理威信的，莫过于被人发现在进行欺骗。”

《无间道》中梁朝伟说过一句话：“明明说好三年，结果呢，三年之后又三年，三年之后又三年，已经快十年了！老大！”很多企管常说的就是“加加班把这件事做好，然后就可以好好休息一段时间，我给你带薪假期(或是我让你晋升)”，结果呢？下属是一件事处理完又有一件，总是有忙不完的事情。企管的眼神和语气总是充满了鼓励和期待，仿佛在说“快了，努努力就快了”，可是如果下属不主动提出的话，企管根本就不会实现承诺，因为他也根本就不想让下属休息或是加薪(晋升)。许诺的永远是那么虚无缥缈，眼前的工作却是实实在在。

贤才大多都有“良禽择木而栖，良臣择主而仕”的心理，如果领导者想揽为己用，就必须具备礼贤下士的气度，信守承诺的胸怀，如果一味采取“顺我者用，逆我者除”的方针，则只能得到奴才或庸才，而失掉真正的人才。

某公司老板在得知另一家公司的老板与技术总监发生摩擦后，亲自驾车邀请这位技术总监去喝茶，诚邀其加盟。数次接触之后，这位技术总监终于答应了那位老板的请求。事实上，这位技术总监并不愿意离开自己为之奋斗了多年的企业。他说：“我对自己的公司是有感情的，但公司对我却没有感情，只要老板亲自对我说一声‘你留下吧’，我应该不会走得这么从容。”

“择”术不明，贤人难至；“理”术不明，贤人难忠。在对待员工忠诚度的问题上，不能一概而论，需要针对不同的岗位和不同级别的人员实施不同的策略，满足不同的需求。

讲了这么多，理顺一条线索出来，就是：领导讲道义，满足员工的自利；员工自利性得到满足，就自然会激发出员工的道义——忠诚。由此链条可以看出，最大的受益者是我们自己——获得了员工的忠诚，“天就不下雨，娘就不嫁人了”。如此，就形成了“铁打的营盘保障铁打的兵，铁打的兵保卫铁打的营盘”的局面，这才是一种良性循环。

惠则足以使人

现实中的忠诚是哪来的呢？一种情况是假的、虚伪的；还有一种情况就是，只有员工和管理者或老板的目标以及理想一致时，忠诚才会发生，但不可能永远一致。现实中，可以共患难，不可同富贵的例子实在太多了。那么忠诚究竟靠什么？

这还要从“人性”里找到答案。

从人的关系层面透视，根本的人性是自利性与道义性。

自利性是人的第一本性。正如“人不为己，天诛地灭”一样，看似极端，其实合理。

中国古代的《反经》中也说到：“匠成舆者，忧人不贵；做箭者，恐人不伤。彼岂有爱憎哉？实技业驱之然耳。”翻译成现在的话就是说，制作车的人希望别人富有，担心别人不富而没有人买车；造弓箭的人希望自己的箭能杀伤人，以便人家能买自己的箭。难道说是造车的人心善良而造箭的人心坏吗？不是，绝对不是，他们不过都是为了自己的利益，目的是相同的，只不过是职业和技术分工导致了他们达到自己利润的途径不同而已。从这个层面来说，人都是自私自利的，都在追求个人利益最大化。

人的自利性是天生的。就像当爸妈的让自己的小孩子到楼下的商店去买点什么，小孩子就会嚷嚷着要“跑腿费”一样。

下面这则猎狗与兔子的寓言，就说明了这个问题：

一只猎狗将兔子赶出了窝，一直追赶它，追了很久仍没有捉到。

主人看到此种情景，讥笑猎狗说：“你们两个之间小的反而跑得快得多。”

猎狗回答说：“你不知道我们两个的跑是完全不同的！我仅仅为了一顿饭而跑，它却是为了性命而跑呀！”

主人想：猎狗说得对啊，那我要想得到更多的猎物，得想个好法子。

于是，猎人又买来几条猎狗，凡是能够在打猎中捉到兔子的，就可以得到几根骨头，捉不到的就没有饭吃。

这一招果然有用，猎狗们纷纷去努力追兔子，因为谁都不愿意看着别人有骨头吃，自己没得吃。

这样过了一段时间，问题又出现了。大兔子非常难捉到，小兔子好捉。但捉到大兔子得到的奖赏和捉到小兔子得到的奖赏差不多，猎狗们善于观察，发现了这个窍门，专门去捉小兔子。

猎人对猎狗说：“最近你们捉的兔子越来越小了，为什么？”

猎狗们说：“反正没有什么大的区别，为什么费那么大的劲去捉那些大的呢？”

猎人经过思考后，决定不将分得骨头的数量与是否捉到兔子挂钩，而是采用每过一段时间，就统计一次猎狗捉到兔子的总重量。按照重量来评价猎狗，决定一段时间内的待遇。于是，猎狗们捉到兔子的数量和重量都增加了。猎人很开心。

但是过了一段时间，猎人发现，猎狗们捉兔子的数量又少了，而且越有经验的猎狗，捉兔子的数量下降得就越利害。

于是猎人又去问猎狗，猎狗说：“我们把最好的时间都奉献给了您，主人，但是随着时间的推移我们会老，当我们捉不到兔子的时候，您还会给我们骨头吃吗？”

猎人做了论功行赏的决定。他分析与汇总了所有猎狗捉到兔子的数量与重量，规定如果捉到的兔子超过了一定的数量后，即使捉不到兔子，每顿饭也可以得到一定数量的骨头。

猎狗们都很高兴，大家都努力去达到猎人规定的数量。

一段时间过后，终于有一些猎狗达到了猎人规定的数量。这时，其中有一只猎狗说：“我们这么努力，只得到几根骨头，而我们捉的猎物远远超过了这几根骨头。我们为什么不能给自己捉兔子呢？”

于是，有些猎狗离开了猎人，自己捉兔子去了。

猎人意识到猎狗正在流失，并且那些流失的猎狗像野狗一般和自己的猎狗抢兔子。情况变得越来越糟，猎人不得已引诱了一条野狗，问他到底野狗比猎狗强在哪里。

“猎狗吃的是骨头，吐出来的是肉啊！”野狗说道，“也不是所有的野狗都顿顿有肉吃，大部分最后骨头都没得舔！不然也不至于被你诱惑。”

于是猎人进行了改革，使得每条猎狗除基本骨头外，可获得其所猎兔肉总量的x%，而且随着服务时间加长，贡献变大，该比例还可递增，并有权分享猎人总兔肉的y%。就这样，猎狗们与猎人一起努力，将野狗们逼得叫苦连天，纷纷强烈要求重归猎狗队伍。

这则寓言故事，证明了孔子所说的：“惠则足以使人”以及“因民之所利而利之，斯不亦惠而不费乎？”的明智。其基本思想就是，管理不是强制，而要“利之”，同时“利之”要做到实惠而不浪费，就是使受惠者获得的利益由受惠者本人为自己生产出来，才能达到“惠而不浪费”。

让你的员工信赖你

在职场中,你有没有遇到过这种现象?

一位部门经理正在对他的两位下属分配任务,任务分配完以后,只听见经理对员工说:"你们承担的这项任务要加快进度,还要做得更漂亮些。关于老板那方面,由我来说服沟通,怎么样?你们赶快行动吧。""明白了。"两位员工十分痛快地答应了一声便走了回去。然而,当这两位员工回到岗位上以后就开始了嘀嘀咕咕的议论:"喂,经理虽然讲得蛮有把握,可是这件事能做得到吗?""我看不大可能。老板是不会同意的。经理根本说服不了老板。""是啊,咱们还是再等等看吧!"

尽管那位部门经理特意对两位员工鼓励了一番,然而这两位下属还是没有什么干劲。

类似这种情形,在相当多的公司里都是司空见惯的,发生这种现象是因为:下属的干劲,只有在信赖领导的前提下才能发挥出来。比如,员工认为自己的上司总爱"抢属下之功",把大家集体共同努力完成的成果据为己有。在这种情况下,不管领导怎么尽力地鼓励,也是激发不出员工的干劲的。

但是,员工在对自己的领导非常信赖的情况下,即便是受到领导的批评,也会心悦诚服,虚心接受。相反,如果一位领导在员工的心目中留下的印象是:"他呀,一边呆着去吧。"那么这位领导的批评就只能让员工加剧内心的反感,效果肯定是会适得其反。这样的领导,只能够对人才的培养起到负作用,对工作的负面影响,更是可想而知。

因此,要管好人、培养人、留住人,领导首先要做的事就是在自己和员工之间建起相互信赖的关系,这是一个先决条件。

试想,如果作为领导连员工的困苦都不了解,只一味地强迫命令他好好工作,行得通吗?因此,应该认真听取员工的意见,深入了解涉及员工生活的一切问题。一旦因为什么事情使你失去了员工的信赖,那么不管你怎么努力,管理和教导工作都将无法按正确的方向进行,更不要说与员工之间建立深厚的感情,并留住员工。

同时,我们应该注意到人只有在干劲高涨、全神贯注、拼命埋头工作的状态下,能力才能获得提高。当员工在对工作毫无一点兴趣的情况下,他是无法也不可能取得进步的。

从这里,我们不难看出,管理与培养员工的基础工作可以分为两个方面:首先是信赖感,其次是干劲。只有在基础工作达到应有的水平时,才能对员工进行有效的管理与培养,加速他们的成长。同样,也只有获得员工对你的信赖感,才能够留住员工,才能够使员工踏踏实实地努力工作。

以爱的精神关心员工

要想赢得员工的忠诚,企业管理者在对待员工时就不要总是摆出一副高高在上的姿态,让他们感觉到上级和下级之间有一条不可逾越的鸿沟。

管理者在平时的工作和生活中要尽可能地多给员工以体贴、关爱,对他们出现的困难要及时伸出援助之手,绝不可袖手旁观。人都是有感情的,哪怕你的一点点关心和爱护,都会让员工感受到无穷的温暖,这样无疑会加大他们与你之间的亲和力和凝聚力,增强他们对你的忠诚度,从而留住员工。

卓锐酒店的管理模式是家族式企业的成功范例。作为卓锐酒店的现任总裁小查尔斯·L·卓锐对企业与员工之间的“双向效忠”有独到的见解。他认为:“要像对待珠宝一样对侍每一位雇员。”

为此，卓锐酒店提出每一位员工都应该受到重视并接受培训。在酒店管理中，卓锐提倡“尊重每一个人”的观念，以“爱的精神”真诚地关心每一位员工。酒店以“尊重每一个人”为企业的价值观，酒店的管理层在对待自己的员工时做到了“待之以礼，委之以任，施之以惠”。

酒店管理者的具体做法表现在以下几点：

1.卓锐酒店努力为员工营造一个良好的工作环境。他们积极地倡导员工之间要相互尊重、相互服务，尊重个人隐私权，提倡“先做人，后做事”。每位员工都为同仁的心情愉快负责，有责任创造宽松的工作环境。同时，管理者真诚地关心员工，解决他们在工作与生活中的实际困难，并且让员工们有一定的参与管理与决策的机会。这样，员工们就会把饭店作为自己“家”，全心全意地效忠企业，为饭店、为顾客服务。

2.对员工的劳动给予公平、合理地回报，酒店能够将员工的个人利益与饭店的整体利益相结合。“卓锐”在将员工利益与饭店利益结合方面的成功做法是：酒店的每一位员工，包括临时工在内，年终都可以享有酒店税后利润的分成，如果正式员工可以分到一份，那么临时工就可以分到半份。

3.充分重视对人才的培养。酒店不失时机地对员工进行广泛和持续的教育和培训。这里，卓锐酒店针对新管理人员的培训方法特别值得各个企业学习和借鉴。“卓锐”对于管理层的新雇员，譬如那些刚从酒店或餐厅管理专业毕业的大学生，都将进行为期一个月的有针对性的培训。培训过程分课堂教学和实际操作两部分；培训内容是专为培养“质量保证”“客户服务”及“行政管理”三方面的能力和技巧而设计。

4.大胆地使用人才，尽可能地为每一位员工创造一个实现个人价值的合适位置。管理者根据每一位员工的性格、特长、爱好，尽可能为每位员工安排最合适的岗位，尽力做到“智者取其谋，愚者取其力，勇者取其威，怯者取其慎”。

卓锐酒店借助这些措施建立了一种企业、个人利益的共同体，充分调动了个人、企业两方面的积极性，扫除了困扰企业、员工无法实现双向忠诚的障碍,极大地发挥出每位员工的活力与潜能,赢得了人心,使自己的员工心悦诚服地跟随领导者,自动自觉地效忠自己的企业,效忠企业的客户,并用“爱的精神”真诚地为客人提供优质的服务。

在现在的一些国际化大企业中,无论是诺基亚的“以人为本”、摩托罗拉的“对人永远的尊重”、可口可乐的“员工是企业最宝贵的财产”,还是惠普公司闻名业界的“惠普之道”,我们都可以发现这些企业是真正将员工当做一起成长的伙伴、当做是企业不可或缺的资产,企业会通过各种各样的方式来满足员工的需求,提升员工的满意度。

总之,如果管理者能够将爱带到企业中,就会给员工带来巨大的精神动力,这种效果有时甚至超过了单纯的物质奖励。因此说,企业家应该放宽心胸和视野,把爱渗透到管理中,真正给员工以爱的支持。

让员工工作着并快乐着

生产力三要素中,人是最活跃的要素,工业化以来,诸多管理学家孜孜以求研究的重点无不以人为核心,对人的研究可谓入木三分。其研究的终极目的无一不是为了效益、效率的提高,为了资本的增值、财富的增加,但却缺少了经济发展的本质目标,即通过人的全面发展,实现人的价值,使人的幸福指数不断提高。

人生在世不是单纯的为活着而活着,而是为生活而生活;不是为活着而工作,而是为工作而工作。员工也是人,他们的身体不只是用来劳动的,他们活着的理念也不仅是为满足种种欲望而树立的。尽管在精彩纷呈的社会生产生活中,工作步伐已由最初的慢步走逐渐转变为小跑以至于到现在的加速快跑,他们也希望能歇歇脚,也喜欢听到优美的音乐,也渴望着美好的事物,渴望着幸福。幸福是什么?亚里士多德说:“幸福是生命的意义和目的,是人类生存的终极目标。”幸福是生命的一种基本需求，是快乐与意义的结合。而快乐就是一种灵丹妙药，它总是在不经意间让工作变得轻松、有趣而有意义。

在社会和生活节奏越来越快的今天，工作压力是无法避免的，而如何变压力为动力呢？企业管理者就应该教员工学会自己放轻松，在工作中保持良好心态，让员工明白“高兴是一天，不高兴也是一天”的道理，让员工“工作着，并快乐着”，而不是“工作着，烦恼着”。如果工作中我们没有快乐、没有笑容，没有值得留恋的人和事，没有需要我们去发掘和创造的事业，那么在这样的工作环境中还有什么生气可谈，那不是死水一潭么？在这样机械式的工作环境中我们的员工到底能够忍受多久呢？试想，在这样的环境中又怎样提高员工的向心力，高质量、高效率地完成各项工作任务呢？其实不难想象，在这样的工作环境中不但没有缓解员工的压力，反而让员工产生希望早日逃离的想法。所以，让员工工作着并快乐着，是现代企业发展的需要，也是企业管理者目前必须思考的问题。

“今天我工作，今天我快乐”，在平凡的岗位上是这样，在艰苦的工作环境中亦能如此。无论是谁，只要和“全国青年文明号”——郑州车站供水车间的职工接触，都会产生这样一种强烈而深刻的印象。

郑州车站供水车间共有125名工人，一年四季穿行于轨道与列车之间，担负着每天为过往郑州车站的270多列始发、终到和通过列车的上水服务任务。“上面飞物打，脚下玻璃渣，浑身是泥土，四季湿衣袜”的顺口溜是上水工们工作环境的真实写照。夏天，酷暑炎热，轨道内气温高达四五十摄氏度，在轨道内作业说是“洗桑拿”一点都不为过。冬天，寒风凛冽，上水工就成了名副其实的“溜冰人”，因为轨道就是溜冰场。列车上的上水管在厕所的排便管旁边，水上满后，厕所里的污水便顺管而下，四处飞溅，弄不好就溅到了鞋子上、裤角上，搞得一身臭哄哄的。苦！真苦；累！的确累。但上水工们仍然义无反顾地穿梭在轨道间，穿梭在烈日与暴雨风雪中，用他们的汗水履行着承诺，用不怕苦、不怕累的精神去完成每天4000吨的上水任务。

以前，在客运职工中，尤其是在工作环境比较艰苦的职工中普遍存在着这样一种现象：大家把工作只是作为一种工作来完成，被动地接受，被动地执行，而很少考虑工作的意义，更谈不上从工作中得到什么快乐。怎样才能让职工把工作当成一种乐趣，由被动到主动，让他们觉得工作有意义，从而更努力更认真地工作，在工作中得到快乐呢？

快乐？谁又能把这种整天背对站台、离地三尺的“脏、累、险、苦”工和快乐沾边？这个难不倒车间管理者，他们顺着员工的“不快乐”去寻找“快乐”，比如针对“脏”，他们把站台的休息室改造成“温馨小屋”，在车间建“快乐长廊”；针对“险”，他们提倡标准化操作，以安全生产为快乐，等等。让员工在艰苦、枯燥的工作中寻找出一种能够让自己心情轻松、精神愉悦的途径。

为了让职工天天有个好心情，车间管理者坚持邀请职工参与车间民主管理，及时回复职工提出的热点、难点问题，让职工听明白话、看明白事、干明白活，不带疑问、不带情绪、不带委屈上岗。无论车间工作任务有多重，安全压力有多大，车间干部都坚持在职工家庭有矛盾时及时化解，保证职工家庭和睦，坚持在职工情绪低沉时送上一句提醒，在职工遇到困难时送上一份关怀，在职工家中有了婚丧嫁娶之类的大事时送上一声问候，在职工取得成绩时送上一句赞扬，和职工交朋友，为职工办实事，让员工时时处处感到生活在这个集体中是快乐的。

管理者们不但要自己学会从压力中解脱出来，更要寻找到最好的方式方法去开展工作，把你的员工也从压力下解脱出来。只有这样，我们的管理工作才会变得人性化、个性化，从而让员工在工作中寻找到快乐。

给员工的忠诚加把锁

企业管理学术界对成功企业的研究证明,要实现保持并不断提高员工忠诚度的目的,就必须为员工的忠诚加把锁,即建立起员工参与决策和交流顺畅的组织制度与结构,来保障员工忠诚度的培养。

1.组织制度与组织结构是培养员工忠诚度的保障

在知识经济时代,如何在企业管理决策和实施过程中争取员工积极自觉的配合,是管理人员在企业管理工作中面临的一个重大的挑战,也是培养员工忠诚度的重要任务。

提升员工对企业的忠诚度,就必须通过一定的组织制度确保员工参与,增强员工的责任感;更重要的是通过这种组织制度提升员工的管理能力,激发员工的创造性,从而促进员工个人发展,满足员工自尊、自我实现等需求。

2.完善员工参与决策与管理的相应制度

(1)建立员工参与的保障制度

支持参与的组织通常营造一种合作、开放的氛围,并且能够提高员工团队合作和沟通的积极性。支持参与的组织氛围应该通过相关组织结构调整(如小团队、扁平化组织结构)、组织制度(如分权式决策)、创新对员工参与提供组织保障。在日常管理工作中,管理人员必须以身作则,通过自己的工作,向员工表明他们高度重视员工的参与和合作。管理者支持员工参与管理决策,就必须做到深入员工生话,向员工提供信息和反馈,主动地征求员工的意见和建议。

(2)向员工授权

有效授权会对员工的工作态度和服务态度产生许多积极的影响。当受权的员工对自己的工作感到满意时,就会激发出更大的热情去为顾客服务,从而进一步提高顾客的满意程度。向员工授权的另一个主要作用表现在他能够在提高员工工作自信心的同时,使其更好地适应服务环境的变化,从而更灵活地满足顾客的不同期望。

3.建立保障沟通与员工参与的组织结构

信息流经组织时,转送的层次越多信息失真的可能也就越大。通常情况下,大企业中一般员工与公司核心管理层有很多层次的隔阂,尤其是那些身处一线的员工,他们与公司核心管理层沟通往往比较困难。所以,尽可能地减少企业"金字塔"的管理层次是实现员工与管理者良好沟通的重要途径。特别是在外界环境变化剧烈、产业发展迅速的高科技企业中,建立扁平化组织结构对于促进管理层与员工的交流显得更为迫切,从而能够使企业管理者更加快速、切合实际地进行决策。

传统的等级制度意味着信息流通的阻塞,一层又一层的许可、命令与控制,容易扼杀一线技术人员的创造性和参与决策的主动性。在传统的组织结构与制度中,知识型员工不仅无法发挥其创造能力,而且还往往会感到一种压抑,工作积极性受到影响,很多情况下会选择离开企业。

如今越来越多的企业开始建立扁平化的组织,这是因为扁平化的组织更有利于员工参与。首先,扁平结构的组织通过对组织内部沟通的改善,使上下级关系更加密切,共识增多,同时还能够激发员工参与组织决策的热情。其次,扁平结构能够提供给员工更多参与和决策的机会,并且提高员工的参与能力。同时,由于扁平结构的管理幅度相对较大,上级对下级的指导与监督减少,下属无法像金字塔组织结构中的员工那样期望从他的上司那里得到很多帮助,很多事情都需要自己进行决策。此时,作为员工必须努力提高自身管理能力和管理水平,加速个人能力和素质的培养。同时,责任的增加会对地位较低的员工形成精神激励。

因此,企业应适时进行组织结构调整,减少组织的层次,建立员工参与的制度保障，以激发其热情，巩固其对企业的长期忠诚度，减少人员的流失。

企业与员工须双向忠诚

在企业当中，企业与员工的忠诚是双向的，企业需要员工对自己忠诚，同时员工也会要求获得企业对自己的忠诚。只要求员工对自己忠诚，而不对员工忠诚的企业是无法得到忠诚的员工的；同样，只想获得企业对自己的忠诚，而不想奉献自己的忠心的员工也无法长久地获得企业给予的忠诚。

1.只有企业对员工忠诚，才能换得员工对企业的忠诚

在企业与员工的双向忠诚关系中，企业对员工的忠诚处于基础地位，即企业必须首先树立忠诚于员工的信念。这表现在两个方面：

(1)企业必须对员工忠诚

企业对员工的忠诚就是企业对员工工作和生活的真诚负责。如：保护员工的就业稳定、提供增长才干的机会、给予合理的薪资和福利、帮助和促进员工个人发展等。现实中有许多这样的例子，那些能够赢得员工忠诚的企业无一不是对员工承诺且确实担负起了一定的责任，表现了忠诚。

忠诚于企业纯粹是员工的心理感受和自觉自愿行为，而人为的强制对员工忠诚来说根本就没有任何意义。只有当员工内心深深地从日常的工作、学习、生活中感受到企业对自己的工作、生活及未来的真诚负责时，员工才会与企业实现心理上的交换和沟通，将心比心，自觉自愿地忠诚于企业，奉献于企业。否则，忠诚便无从产生。

(2)企业要主动地忠诚于员工

虽然忠诚是企业与员工之间的相互行为，实际上却往往需要以企

业对员工的忠诚为先导。原因主要有两个方面:

第一,就企业和员工的相互忠诚而言,企业对员工的忠诚更具主动性。从最初的招聘到员工进入企业,企业人力资源开发与管理的方针、政策、制度等就已经向员工表明了它对员工忠诚与否,所有的这些都将会深深地影响到员工对它的忠诚度。

第二,就企业与员工在生产经营中的地位而言,企业十分明显地处于决定地位,而员工处于被决定地位。日本的企业无一例外的都要求员工对自己无条件服从,做企业的忠诚战士,为企业尽忠效力。同时日本企业的员工也确实是这样做的,这一点主要表现在日本企业中鲜有跳槽者且存在大量"工作狂"、"猛烈社员"。日本企业的员工为什么能够对企业忠诚献身呢?其实并非个性使然,令员工能够忠诚于企业的根本原因在于企业对他们的全方位负责,即在于企业首先主动对员工忠诚。因为,在日本,员工从进入企业的第一天起,就会享受到企业给予的悉心培养和像家人一般的照料。企业对员工忠诚负责的行为处处都在打动着员工、感染着员工,促使他们以十倍、百倍的忠诚回报企业。

那些世界一流的大公司都不约而同地认为,只有把员工摆在第一的位置,对自己的员工真诚负责,才会使员工以忠诚和热情投入工作,才能把一流的产品、一流的服务提供给顾客,从而赢得顾客的忠诚。

2.员工忠诚于企业

企业与员工之间的忠诚是相互的,在企业对员工忠诚的基础上,员工也必然会对企业忠诚,也应该对企业忠诚,形成双向忠诚。只有当企业对自己的员工倍加关心爱护,员工才会为企业全心全意地工作,员工对顾客的服务才会尽心尽力。一般企业的管理者往往只重视其中的某一方面,而忽略了另一方面。成功的事例告诉人们:强调以双向忠诚经营企业,并把它一直坚持下去,会使公司的发展取得意想不到的效果。

员工对于企业的忠诚,首先表现为员工对企业的认同和热爱。优秀企业往往有着极强的凝聚力，它像融合剂一样，能够把员工吸引和团结在企业的周围。员工对企业的忠诚主要表现为员工对企业产生一种强烈的归属感，同时还具有规范自身行为的自觉性、主动性、持久性和责任心，并且能够把企业规定的行为准则潜移默化地融化在个人自觉的行动中，做到全心全意地为企业工作。忠诚于企业的员工还会把对企业的热爱，转化成努力工作的动力，在企业共同价值观念的推动下形成一股强大的力量，把企业目标转变为个人的自觉行动，从而真正地实现了员工个人目标和企业目标的高度一致，使整体产生最大的协同作用力，向着企业既定的目标而努力奋斗。因此，员工效忠企业，就是员工对企业爱心、信心、决心的充分体现。其次，对企业而言，员工忠诚于企业，在许多时候还会表现为员工对企业顾客的忠诚。而员工对顾客的忠诚往往意味着员工会以热忱、真诚的态度为顾客提供尽善尽美的服务。这里的真诚通常都是发自员工内心的，而且是来源于员工的自觉的、主动的忠诚。而员工对顾客的这种高度忠诚会培养出顾客对企业更高的忠诚度，最终为企业带来更大经济效益。

早在1939年，美国IBM公司创始人沃森就曾自豪地对记者说：“我要让属下的员工个个都成为让他们的妻子和儿女崇敬的人。同时，我要让员工在IBM不仅仅得到福利和工作保障，而且要让他知道，自己是有能力的人，自己所工作的公司是永远值得他为之付出和骄傲的。”沃森的这番话道出了企业与员工之间“双向忠诚”的真谛。在崇尚以人为本的今天，秉承“双向忠诚”的价值理念，我们应该可以做得更好。

秘诀二

解决“薪苦”问题

根据马斯洛的需求层次理论，人类的物质需求是最基本的需求，是人类生存的最起码条件。只有满足了这一需求，才谈得上更高层次的发展，才能进行更高级的精神创造。而员工的薪水问题，不仅关乎员工的生存，更关系着员工的价值实现。如果员工太“薪苦”，必然影响到他们的精神面貌，进而会影响到他们的忠诚度。

他“薪”苦，你“心”苦

不知何时，我们的词库中出现了“薪苦”、“薪苦一族”、“薪苦动物”等一些词汇，网络中更是出现了越来越多的为“薪”而苦的新闻、故事，比如，

40名讨薪员工睡大堂苦等老板；

两员工遭遇讨薪苦；

为“薪”所苦的并购；

“辛苦”、“心苦”还“薪苦”的南京出租司机；

……

说起薪水，这可是件实在事，不仅关系到柴米油盐的生计问题，更关系到超越自我的价值问题。如果在薪水这个关系生存的方面都得不到满足，员工的心情会好吗？员工能对你忠诚吗？如此看来，你如果让你的员工“薪”苦了，那他一定会让你更“心”苦。

一家广告公司在媒体上打出了这样一则招聘广告：“热忱接纳4A‘薪苦’动物”，话说得贴切又形象，使人看后不禁哑然失笑。终日里在职场中如牛如马，为些许薪水而不辞劳作，其实大多数的员工，都可以被形容为“薪苦动物”。

其实，无论是调侃或者解嘲，“薪苦动物”就这样冠冕堂皇地成了上班族的代名词。“薪苦动物”们往往被日常工作折磨得精疲力竭，哪还有闲情去奢想什么让亿万富翁为自己工作。“薪苦动物”们常常是为老板工作，每天早出晚归，日夜颠倒，好不容易忙到月末发薪，一查工资卡账户，数字少得都羞于让外人知道，只好黯然长叹：“哎，真是‘薪苦’啊。”

俗话说“水往低处流，人往高处走”，一个人“薪苦”得久了，难免会

心思浮动，另觅高枝。“薪苦一族”闹起了革命，义无反顾地争相离去，管理者们就不得不忙得晕头转向，或招聘新人，或承诺加薪，但还是受人白眼……“早知今日，起初干什么去了？”如果员工们不如此“薪”苦，你们又怎会如此“心”苦呢？

最后，还是用手机上收到的一条短信，来当作“薪苦动物”们的最大“薪愿”吧：“愿你钱多事少离家近，每日睡到自然醒，工资领到手抽筋，别人加班你加薪！”

因此，要想提高员工的忠诚度，要想留住人才，让自己不再“心”苦，就必须首先解决好员工的“薪”苦问题。用薪水福利留人从来是一项最见效、最实在的策略。

让员工们不再“薪苦”

现代企业竞争激烈，各企业管理者面临的严峻问题不是找不到人才，而是找不到合适的、忠诚于企业的人才。但是，比找寻合适人才更难的是怎么将这些一流的人才留住。

辉瑞制药有限公司中国区人力资源总监肖卫红认为：让辉瑞的员工忠心耿耿的秘诀在于“让员工满意”。其中，满足员工物质的需求是一个重要因素。员工为什么在这家公司工作，说到底是公司可以满足他们的期望。只有满足期望以后，他们才能够开心，感受到公司和他们个人的价值，从而加倍努力工作，让自己和公司得到共同发展。很多管理者擅用权威式的领导让员工服从，实际上这样做不仅抑制了员工的工作热情，而且这种方法也只适用于少部分极难管教的员工。

美国行为科学家、心理学家马斯洛的需求层次理论指出，人的需求包括物质需求和精神需求两个方面。物质需求相对于精神需求来说是低层次的，但它同时也是最基本的需求。只有在物质需求得到满足的情况下，人才有可能产生更高层次的需求。假如人的物质需求得不到满足，就会影响到人的行为和工作。因此，每个管理者都应该注意满足员工的物质需求，让他不再“薪苦”。这也是留住人才的基本保障。

星巴克咖啡于1985年正式成立于美国西雅图，以卖咖啡豆起家。它从不做广告，却在20年时间里取得了巨大的成功。如今，它在全球四大洲已经拥有5000多家连锁店，从一个小作坊一跃成为一个巨型连锁咖啡集团，它的成就令全球瞩目。

星巴克的成功，与它的创始人霍华德·舒尔茨是分不开的。舒尔茨曾经多次说道：“拥有颇具市场魅力的品牌能够获得利润；对自己的员工给予良好的待遇则能够获得员工的尊重，这是使企业得以发展的相辅相成的两个方面，缺一不可。”在舒尔茨的眼里，员工才是星巴克品牌的最好诠释。

在其他公司都忙着做广告宣传自己时，星巴克却将这部分经费投入到员工的培训、分红当中去。对舒尔茨本人而言，他非常欣赏在意大利看到的那些咖啡馆，那种老板、侍者之间的闲适、和谐的感觉。他也想将这种上下级之间的关系融入到自己的咖啡馆当中，尽可能为员工提供更好的福利和环境，以满足员工的基本需求。

1988年，星巴克为临时工投保医疗保险，成为第一家为临时工投入医保的公司。1991年，星巴克向员工提供优先购买股权的机会，并将这一优惠政策普及到临时工，成为开创此举的第一家公司。

这些举措收到了明显的效果。星巴克员工的流动性从每年的175%下降至65%，在餐饮业，成为一种神话。星巴克提供的这些福利，极大提升了员工对于成功的渴望，他们希望自己能够伴随星巴克取得更大的成就。

对人的重视，为员工提供良好的福利，是星巴克取得巨大成就的基石。在星巴克，总部的80%员工都是来自于一线。其区域分店和供货中心之间的人员周转率非常高。这些来自基层的管理人员，具有丰富的基层经验，因此他们对商场中的任何风吹草动都能快速作出反应。

这也使得星巴克在激烈的市场竞争中占据了优势。

星巴克正是凭借着对员工的尊重，满足了员工的物质需求，让每一个员工对待工作都像对待自己的事情一样，尽心尽力。也只有满足了员工的物质需求，才能让员工们产生与企业同生死、共存亡的信念，成为企业充满活力的源泉。

那么，管理者如何在实践中做到满足员工的物质需求，达到留住人才的目的呢？

1.了解员工的真正需要

作为管理者，想要真正做到满足员工的需求，并不是说说那么简单。管理者应该站在员工的立场上，急员工之所急，想员工之所想，只有这样做，才能真正了解员工心里最迫切的物质需求。他们究竟是需要更高的薪水，还是轻松的办公环境，或者是其他的需求？找到问题的根源，也就能够解决问题，才能使员工更忠诚于企业。

2.满足员工物质需求要适度

作为管理者，满足员工的物质需求是有必要的。但凡事都应有度，超过了这个度，就会产生负面效果。作为管理者，不要把对员工的物质奖励当成日常谈话一样随随便便，更不要将物质满足当成留住员工的唯一砝码。其实，人非草木，孰能无情？只要管理者将心真正用在了员工的身上，将心比心为员工着想，员工自己会感觉到管理者的一片苦心，就不会随便选择离开企业了。

因此，作为管理者要时刻将员工当成自己的战友，而不是相互对立的一方，最后两败俱伤。

3.在满足物质需求的同时加以精神激励

唯物主义哲学认为，这个世界，物质先于精神而存在，先有物质，然后才有精神。同样，留住人才也是这个道理。先满足员工的物质需求，然后再用精神需求加以刺激，只有双管齐下，才能达到留住人才的目的。单纯的物质或者精神激励，都不能满足员工的需要，相反还可能使管理陷入恶性循环而不能自拔。

让员工的努力得到回报

对任何一个企业来说，员工就是最大的资产，这是一个普通常识。必须对员工进行投资以保证长期利润，公司的人员财产必须维持并发展，以保证和增加其价值。在工作之中，员工必须感受到自己的价值得到了他人的承认。不管你使用多么美妙的言辞表示感激，不管你提供多么良好的训练，他们最终期望的是自己的价值得到了体现。而让员工感受到自己的价值得到了他人的承认的方法就是让他们的努力有所得。

按照通常的理解，让员工们的努力有所得，就是要让他们付出的劳动获得相应的报酬。除了自觉自愿的志愿者活动或者义务劳动，所有劳动都应当给予他们报酬。“世间自有公道，付出总有回报”，“一分耕耘，一分收获”，这些话无论是对做人还是做事都很受用。在竞争日益激烈的现实社会，让人们开始适应满负荷的劳作和耕耘，就算你的员工们个个都是非常努力，你又如何让他们更好的挖掘自身潜力，最大限度地发挥特点呢？精明的管理者都明白，员工的积极性和潜力，就像地下的宝藏一样，需要管理者去发掘。而对员工及时地进行利诱，就能很好地取出宝藏，牢牢地抓住他们。

在美国，有一家公司总裁，他看到一个下属表现非常出色，便想马上奖励这名员工，但手边一时又没有什么有价值的东西。于是，他就从桌子上的水果盘中拿了一根香蕉，递给这位员工以表示谢意。受这个故事的启发，另一位总裁开始随身携带一沓5美元的钞票，遇到有杰出表现的人，就给予奖励。这位总裁也想到过用100美元的钞票，但发现那样可能会引起一些问题。因为几百美元的奖励会引发嫉妒和愤恨。会有人跑来说：“为什么他得到100美元，我做得比他好多了。”不过没有人会对5美元说三道四，那实在是不值得。但即使是5美元，它的意义也很重要，因为这是钱，更是一种奖励。即使是很小的数额，也会令人鼓舞。5美元既是褒奖，又让接受它的人能够享受一顿午餐，还不至于招来嫉恨。谁也不会再抱怨什么，而且谁也不会拒绝5美元。

管理者要及时发现做得正确的人，还要立刻给予奖赏，就像这5美元所包含的含义一样。奖赏不一定要很大，小的成功也要庆贺。我们总是看重主要的成就，可别忘了也要为小事情喝彩。比如嘉奖那些为了完成一张备忘录或多接一个电话而加班的人，或嘉奖那些每天早来几分钟打扫卫生的人。

由于工作努力而受到奖励，使员工能认识到整个组织的行为方针，认识到领导在注意他的表现，会有被承认的满足感和被重视的激励感，促使他保持高昂的工作热情和责任心。如果表现努力的人没有获得一定的实际利益和奖赏，就会挫伤其积极性，从而使员工的工作热情下降，工作受到影响。

作为一名管理者，应当让员工清楚，真正努力的员工将会得到最好的回报。每个人都有一些本能的需要，希望别人尊重自己，渴望成功，这就构成了人的内部动力。要使公司有更多受到高度激励的员工，就应去寻找个人需要与公司管理风格相吻合的人，或者调整公司的管理风格使其适应员工的需要。那么让努力的员工得到合理的回报就是必不可少的。

任何手段的最终目的都是管人，员工的行为除了有一定的自身因素外，还存在一种动力，就是个人价值取向的动力。有了价值作保障，能让他们产生更强的责任心和道德准则。什么能把员工们自我的东西激发出来？制度，说白了就是奖励制度！在你的员工努力工作，做出好成绩的时候，适当地给予他一些好处，让员工们明白，他们的努力不会白费的，只要努力就会有回报！

优质工资促进员工素质提升

你听说过“格雷欣法则”吗？早在400多年以前，英国著名经济学家格雷欣便发现了一个有趣的现象。当时市面同时流通着两种货币，两种货币实际价值不同，但是名义价值却是一样的，实际价值较高的货币，也就是“良币”，最后退出流通——它们被收藏、被熔化或被输出国外；实际价值较低的货币，也就是“劣币”，却充斥市场。人们称这种现象为“格雷欣法则”，也叫“劣币驱逐良币规律”。

企业在薪酬制度或人力资源管理方面均可能发生与格雷欣所见类似的情形，这样的例子屡见不鲜。由于企业在薪酬管理方面没有充分体现“优质优价”原则，高素质员工的数量相对下降。这一方面表现为对自己薪酬心怀不满的高素质员工另谋高就，另一方面表现为企业外高素质人力资源对企业吸纳祈求的消极回应，同时会导致企业低素质员工相对量上升，当一定量高素质员工留下的工作岗位需有更多低素质员工填补时尤其如此。这还只是薪酬管理“格雷欣法则”启动伊始时的情形。企业效益下滑是员工素质下降的必然结果，这可能使企业在薪酬开支方面捉襟见肘，从而导致员工薪酬水平普遍性下降，进而导致员工薪酬水平与企业效益同时下滑的恶性循环。

同一个企业里，由于旧的人事制度与薪酬制度惯性等的影响，使一些低素质员工的薪酬超出高素质员工，从而导致低素质员工对高素质员工的“驱逐”。有一家经济效益较好的国有上市公司就有这么一个难解之结：该公司年人均薪酬18000元左右，一般员工尤其是一线员工薪酬水平远超出本行业同类企业，但核心员工尤其是少数关键岗位员工的薪酬却大大低于市场水平。该公司欲引进若干素质较高的计算机专业毕业生，按现行薪酬制度，其每月薪酬只能略超出1000元，但市场水平却在3000元左右。因此,尽管公司对高素质计算机专业毕业生有强烈祈求,却总未能如愿。

在某些企业里，虽然某些高素质员工的薪酬超过低素质员工,但实际上它们对企业的相对价值仍不成比例。这又是另一种低素质员工对高素质员工的“驱逐”。作为管理者都知道,人力资源素质是决定企业核心竞争力的关键性因素。如果容忍薪酬或人力资源管理“格雷欣法则”继续起作用,那么,在日益激烈的市场竞争中,企业就会非常被动。如何遏制“格雷欣法则”现象的发生呢?

首先,企业应该将员工薪酬的提升看作是员工素质提高、企业兴旺发达的必然结果。这是因为,薪酬提升处理得当可以启动员工素质提升与企业效益提高的良性循环;其次,要将薪酬调查作为企业薪酬管理不可或缺的环节,尤其应注重对企业核心员工的薪酬调查,将市场薪酬水平作为员工薪酬水平判定的参照系,通过市场来判定员工薪酬水平的高低;同时,还要以先行提高核心员工薪酬水平作为提高企业核心员工素质的人力资源管理策略,为核心员工建立薪酬水平无上限的薪酬特区。

对员工来说最为重要的毫无疑问就是工资,它是社会衡量一个人价值的基础体现。工资不仅是员工的一种谋生手段,而且它还能满足员工的价值感,在很大程度上影响着一个人的情绪、他的积极性和能力的发挥,等等。当一名员工处于较低的岗位工资时,他会积极表现,努力工作,一方面为了提高自己的岗位绩效,另一方面为了争取更高的岗位级别。他会体验到由于晋升和加薪所带来的价值实现感和被尊重的喜悦,从而更加努力工作,这是任何企业应该尊重的客观事实。金钱在社会中具有重要的流通作用,金钱的多少是衡量一个人成功与否的重要组成部分。管理者应懂得用看得到、赚得到的金钱来激励员工工作的积极性。

要为员工提供有竞争力的薪酬，使他们一进门便珍惜这份工作,竭尽全力,把自己的本领都使出来。支付最高工资的企业最能吸引并且留住人才，尤其是那些出类拔萃的员工。这对于行业内的领先公司，尤其必要。较高的报酬会带来更高的满意度，与之而来还有较低的离职率。一个结构合理、管理良好的绩效付酬制度，应留住优秀的员工，淘汰表现较差的员工。

要把收入和技能挂钩，以员工的能力为基础确定其薪水，工资标准由技能最低到最高划分出不同级别。基于技能的制度能在调换岗位和引入新技术方面带来极大的灵活性，当员工证明自己能够胜任更高一级工作时，他们所获的报酬也会顺理成章地提高。

现在，有许多公司采用的是秘密工资制，提薪或发放奖金不公开，使得员工很难判断在报酬与能力之间是否存在着联系。员工既看不到别人的报酬，也不了解自己对公司的贡献价值，这样自然会削弱制度的激励和满足功能，从而伤害人们平等的感觉。而平等，恰恰就是实现报酬制度满足与激励机构的重要成分。

所以，一个企业要想管理好员工，必须满足员工的需求，这种需求往往是通过薪酬形式体现出来的。一个更适合员工的需要和更符合实际的薪酬制度，一个强者多得的薪酬制度，才会使员工有更高的积极性，才会促进员工素质提升，才能使公司的业绩得到提高。

掌握设计薪酬的艺术

对企业而言，薪酬是留住人才的一个重要因素，在目前的社会环境中，这是一个其他任何方式都难以代替的工具。因为，它能够为员工和核心人才在追求自己的生活方式和提高生活质量等方面提供保证，还能够让员工得到令自身感到满足的社会认同感。

然而，现实生活中，很多人力资源管理者将员工的薪酬看作是公司的最高机密，用这样的方法来掩饰公司薪酬制度的缺陷。但事实上，员工能够利用很多种渠道获得大致的薪酬情况，这就很容易造成公司内部不团结、不稳定。因此，管理者应该采用一种有效手段，掌握薪酬设计的艺术。

三星集团成立于1938年。经过70多年的发展，它已经成为韩国最大的企业集团，其旗下3家企业进入世界500强行列。三星目前有近20种产品世界市场占有率居全球之首，尤其是其子公司三星电子，逐渐成为行业领跑者，影响力远远大于同行业的传统巨头。目前，三星集团已经在全球近70个国家和地区建立了近300个法人及办事处，员工总数达30余万人，业务涉及电子、金融、机械、化学等众多领域。

三星管理层认为："社会上不乏各类人才，关键是看他对三星是否有用。"只要是对三星有用的人才，三星就会为其提供最佳的发展机会及合理的薪酬。每个加盟三星的员工，三星都会通过岗位重要度、原薪水比较、社会认同以及创造价值这四大原则为其定薪。经过反复讨论、比较后，发给员工薪酬，让员工心服口服。

三星采用的四大定薪原则是十分合理的。比如社会认同原则，假如一个拥有高级职称并长期从事电气性能研究的学者型工程师，在来到三星之前，他的薪金为年薪15万元，这个薪金水平得到社会对此普遍承认的话，三星就绝不可能出价比此低。因为三星知道，比15万元低显然不能吸引这样一位优秀人才来三星创业，因此，三星开出的价格只会比这个高。

以此类推，原薪水比较原则也是这个道理。工程师原来能拿到15万元年薪，如果三星只开出13万元的年薪，对他来说肯定没有任何吸引力。因此三星采用了原薪水比较原则，以保障三星为人才提供的薪酬具有绝对的竞争力。

岗位重要度原则的标准是，人才对三星来说是否有用。假如一个人正好是公司某个稀缺岗位所急需的人才，将这样一位人才引进到三星以后，就能够填补这个空白；或者是某个人才来到三星，其岗位十分重要，具有不可替代性，那么这样的人的薪酬自然会比公司其他岗位或者其他员工的高。

而创造性价值原则，相比较来说就比较灵活。因为即使有的人业界评价非常高，也曾为公司作出了很大贡献，但这样的员工进入三星后能不能为三星创造出同样多的价值来，是没有人能够预料得到的。因此，三星人力资源部门采取的做法是，等其进入三星后，再在实际工作中对其作出考核和评价，然后依照他为公司作出的贡献，给予合理的加薪。

这样一来，公司就不会错误用人，而员工也觉得更有挑战性。

定薪问题虽然是人力资源问题中最难解决的问题，但三星掌握了设计薪酬标准的艺术，因此这对三星来说也不是难以解决的问题了。这也是三星引进人才、活用人才、留住人才的好方法。

薪资管理是人力资源中非常重要的管理工具。专家认为，薪资管理不单是一项技术，也同时是一项“艺术”；薪酬管理体系的设计绝对不可以闭门造车，而是要走向企业的现况，以“最适合”而不是“最好的”的解决方案，协助企业的成长。下面就为大家列举出合理、科学的薪酬制度具体由哪些主要部分构成。

1.职位评价

每个职位的工资是有差距的，职位评价的主要目的，就在于判定一个职位在企业所有职位中的相对价值。其依据一般为包含职位要求的教育程度、所承担责任的重要性、技术熟练程度等。在判断完该职位的相对价值以后，管理者就会从中挑选出一个关键职位作为基准。

2.对工资级别进行划分

职位评价是工资级别划分的基础，有利于管理者将类似的职员放入同一工资等级。有时候大型企业可能会将上千个职位归入十几个到几十个不等的工资等级，就好比国家规定了电工级别，比如一级电工、二级电工。但在企业中，职员的工资级别是由企业自己决定的。

3.等级额度

不仅是每个职位的工资有差距，同一个级别工资都会有所不同，因为,确定每个工资等级的基本标准是很重要的。但是同一级别工资的差距不能太大,应该有一定限度。通常情况下,本级别的最低工资不能低于下一级别的最高工资。

4.对级差进行调整

有时候,劳动力市场的行情会发生变化,例如某个岗位人才急缺,那么企业就应该适时调整企业内该职位员工的薪酬;有时候企业自身可能会由于种种情况,某个职位人员空缺,这时候也应该调整员工的薪酬。因此,级别并不是一成不变的,企业应该视情况对级差进行调整。

合理、公平分配薪酬

前面一节我们讲到,在进行薪酬设计时,需要遵循的四个基本原则分别是薪酬的竞争性、合法性、激励性和公平性。对薪酬的其他三个方面,大家关注得较多,但是薪酬公平性里面的内部公平性,往往被大家所忽视。

据有关调查发现,在浙江一个民营企业有一个比较奇怪的现象。该公司是温州一家实力雄厚、公众形象较好的企业;其薪酬水平比当地劳动力市场更具竞争力。然而,奇怪的是,公司员工(特别是中、基层的管理人员)流失率比较高。更让公司管理层百思不得其解的是:多数离职员工跳槽后的薪酬水平不升反降。是什么原因促使他们宁愿承受较低的薪酬待遇,也要舍弃这个外部形象好,员工薪酬高的老东家呢?随着我们调研的进一步深入,发现员工离职的一个重要原因是:他们认为在这家公司,薪酬方面没有得到公平的对待;相反,在工资较低的那个公司里面,感觉到自己受到了较公平的对待,所以更愿意在工资较低但感觉更公平的那家公司里面工作。

由此可见，薪酬制度的公平合理性是极为重要的。公平性是薪酬制度的基本要求，合理的薪酬制度首先必须是公平的，只有公平的薪酬才是有激励作用的薪酬。从影响企业的绩效因素来看，内部的公平性比外部的竞争性更为重要。

因此，作为管理者，薪酬分配必须合理、公平，古语曰：“不患寡而患不均。”这里的合理、公平并不是指每个员工拿到的薪酬结果平等或者平均，而是分配的尺度、过程以及规则等必须公平、合理。对企业的每个员工而言，有均等的参与薪酬分配的机会，这样才是公平的。过去“吃大锅饭”的做法，看上去公平，但没有体现出每个人不同的价值，反而是一种本质的不公平。所以，只有在制定薪酬时将企业内部的公平性体现出来，才能对员工形成有效的激励。

1837年10月31日，宝洁公司成立于美国辛辛那提市。经过170年的发展，它已经成为世界上最大的日用品消费公司之一。宝洁公司在全球80多个国家设有分公司及分厂；经营着300多个品牌，产品涉及的领域非常广，包括洗发水、护肤品、化妆品等，畅销于全球160多个国家和地区；其在全球的雇员人数大约为10万。

很多在宝洁工作的人都谈起自己的感受，觉得自己进入宝洁公司后，任职的不是一个公司或一个企业，而是一个机构。当员工进入宝洁后就会发现公司的大多数雇员都将自己的时间用在工作上，就算不是在工作，也是在与同事谈论工作上的事情。在宝洁，每一个员工都将公司当成自己的“家”，与同事交流时，就好像与家人交流一样轻松、愉快。因此，很多雇员对企业的忠诚度极高。

宝洁公司除了给员工创造良好的工作氛围外，还在推进员工薪酬福利公平分配方面作出了不懈努力。在这方面，宝洁公司有着悠久的历史。

1887年，宝洁公司推出了员工分红计划，这也是美国产业史上最古老的分红计划；1892年，宝洁公司又推出了员工入股公司计划；1915年，宝洁又为病残退休的员工提供了人寿保险，成为全球最早做出此举的公司之一。

1903年,宝洁公司为了强化员工入股办法,对分红作出了规定,规定员工只有承诺愿意购买相当大笔股票才能分红。分红在宝洁公司并不是每个人平分,而是将分红级别制定了4个等级。对工作漠不关心的员工,必须要取消其原有的分享红利的权利,将这些奖励转发给关心工作的员工。这种做法有利于员工形成正确的工作态度。一直到1915年,61%的宝洁员工参加了员工入股计划,在心理上也成为了宝洁公司的完整成员。

宝洁公司通过这些计划,将员工和公司的命运紧紧地联系在一起。每一个宝洁员工都以自己是宝洁人而感到骄傲、自豪。

宝洁公司发展至今已有170多年的历史,最高管理层已更换过9代,但每代管理人都坚持宝洁的信念,善待员工,给予员工合理、公平的薪酬分配。这种长盛不衰的管理理念造就了基业常青的宝洁。

薪酬分配的重要性给很多企业管理者敲响了警钟。给员工分配薪酬不是一件为所欲为的事情,而应该遵循一定的标准。下面为大家提供几种公平分配薪酬的措施,以供参考。

1.树立合理、公平分配薪酬的观念

对管理者而言,想要合理分配薪酬,首先就应该树立合理、公平分配薪酬的观念。不仅自身要有这种观念,还应该向企业员工灌输这种观念,使员工对公平、合理的薪酬分配方法有一个系统的认识。树立合理、公平分配的价值观,让他们认识到公平不是绝对的,员工之间不要盲目攀比,更不要形成一种"按酬付劳"的观念。

2.保证员工参与

薪酬分配过程的公平,在很大程度上能够决定员工对薪酬分配的感觉。如果分配过程稍微有失公平,那么员工就可能觉得这种分配完全是不合理、不公平的。据科学调查表明,只要员工参与了分配的过程,不论他们最终拿到手的薪酬结果如何,起码在员工的心里,这种薪酬分配是公平的。因为员工实际参与了分配,公平感就会增强。所以,在薪酬分配的过程中，尽量做到保证员工参与，让员工对薪酬决策有充分了解。

3.建立薪酬申诉制度

申诉，能够在一定程度上影响公平。建立一套合理的分配制度，申诉制度是必不可少的。假如实施过程中缺乏申诉，即使制度再完善，执行时也会产生不公平。因此，建立申诉制度非常重要。并且，在平时应该注意员工的意见，尽可能就绩效评估和薪酬分配与员工达成共识。如果做到这一步，员工仍对薪酬制度不满意，就可以通过申诉，要求更高一层的管理者听取其意见，并给予解决。

4.在不失公平的前提下，适当照顾低效率员工

虽然制度是需要严格执行的，但是一个企业管理者凡事都按程序走，会让员工丧失温暖的感觉。况且，出于各种各样的原因，薪酬分配不可能做到百分百公正、公平。有的员工工作态度很好、责任心也很强，但可能工作能力不太强，这样的员工企业也需要。那么，一方面企业应该对他们的能力进行强化、培训，另一方面将他们换岗到更合适的岗位上，而不是直接解雇他们，这样才会稳定其他员工的心。如果经过培训等措施后，员工能力仍然达不到要求，这时候只能将其淘汰，否则会给长期留在企业的其他员工造成有失公平的感觉。

建立合理的奖励制度

奖励是成绩的体现、进取的动力、激励的措施。虽然金钱不是万能的，但是物质奖励对于激励员工、留住人才还是十分重要的。

任何人在付出劳动以后，都希望自己能够得到相应回报。在很多员工的眼中，自己的劳动是否得到别人的认可以及认可的程度，是通过企业支付给自己的薪酬和奖励来体现的。换言之，就是大部分人都

将成绩与酬劳看成了一种理所当然的正比关系。因此,在员工的眼里,奖金数量的多寡能够体现自身价值，是企业对自己努力的一种肯定。同时,奖励也是企业管理者与员工之间进行沟通、促进人才进步以及留住人才的有效途径,是一种保证企业不断发展的有效手段。

IBM于1911年成立于美国,它是国际商业机器公司或万国商业机器公司的简称。公司总部在纽约州阿蒙克市。IBM目前在全球拥有雇员30多万,其业务遍及全球160多个国家和地区。创立初期,IBM公司以商用打字机为主营业务,后期转为文字处理机,最后转为目前的计算机相关服务。如今,IBM已经是全球最大的信息技术和业务解决方案公司了,并且公司至今还保持着高速增长的势头。

IBM取得的成就与它独到的薪酬奖励制度是分不开的。在IBM,一个员工的建议不管是不是跟金钱有关,只要是公司认为好的,能对公司起到良好作用的,依照带来作用的程度,可以领到50美元~15万美元的奖金。比如,一个员工提出关于公司省钱的建议,公司在采用建议后,会将第一年所节省费用的25%奖励给该员工,最高限额是15万美元;第二年亦如此。对于无法用货币来衡量的建议等,就要看建议的创意及其效果如何,然后再决定奖金的数额。

IBM不仅在员工建议等方面给予丰厚奖励，在其他方面亦如此。比如发明成就奖,就促成了IBM无数的发明。每当有员工有了新发明,这个奖项会帮助该员工申请专利。当员工第一次提出申请的时候,公司会奖励给员工1500美金;当员工将每次的申请打成报告时,也能得到相应的嘉奖点数,当这个点数累积到12点时,就能得到3600美金的奖励;当一个员工第一次达到12点时,除了得到3600美金的奖励,还能得到一件珠宝饰品。

除了发明奖励之外,还有部门奖励制度,这个奖励是由一定部门制定的。如果某个员工为公司作出了重要的贡献,或者是为公司、部门节省了重大开支，就可能得到公司1500美元~25000美元不等的奖金。光有金钱奖励是不够的,在IBM非正式奖励也是深得人心的。假如员工为某个特定的目标而努力工作,IBM会给其非正式奖励,比如,一次快乐的出游或者一顿轻松的聚餐。

虽然奖励很多,但是IBM针对每种奖励都有合理的制度,在最大限度上做到公平、公正,为每一位IBM员工提供获得奖励的机会。对员工而言。发挥自己的工作热情及潜力,不仅能够得到奖励,还得到了很大的精神鼓舞,这样的员工又怎么可能会选择跳槽呢?

其实,IBM所做的一切并不难,只是建立了一种合理的奖励机制,同时在其中融入了很多人性化的色彩,从而更好地调动员工的工作积极性。合理的奖励,是IBM留住人才、取得辉煌成就的关键。

世界上没有一成不变的事情,包括对员工的物质奖励。把握好员工的不同需要,奖励应立足于员工感情能够接受的基础之上,只有这样的奖励才能取得效果。那么,管理者该如何做才能达到这一目标呢?

1.赏罚要公平有原则

赏罚,是管理者手中的两把宝剑,是管理者行使管理权利的两个重要手段。赏罚分明是管理者使用该武器的重要要求,也是最基本的要求。不赏私劳,不罚私怨,是管理者进行管理的基本原则。同时,对员工的赏罚一定要及时,有功即赏,有过即罚。

2.提供公平竞争环境

管理者既然制定了赏罚的原则,那么这就是唯一的准则。在员工看来。公平的竞争环境是争取奖励的基础。只要尽心工作,发挥自己的潜力,就能够争取到奖赏,避免受到惩罚。

3.避免人为制造矛盾

有的时候,管理者可能会出于各种顾虑,对某些有功的员工不给予奖赏;对一些有过的员工不实行惩罚。这就可能让员工感到管理者对待下属有亲疏之感。一旦员工的这种情绪产生了,管理者与员工之间的矛盾就会随之产生。只有管理者坚持做到有功即赏,有过即罚,对所有员工一视同仁,才能避免这种矛盾产生。

4.不忽视小奖励

很多管理者只有在员工取得大功劳、作出大贡献的时候,才会对他们进行奖励。这时候,管理者可能会忽略掉一些平日里默默无闻工作的员工。或许他们每一天都在进步,只不过由于管理者工作忙碌而被忽视,甚至有的管理者会认为一点点功劳、进步在大功劳面前是微不足道的,于是就将其忽略不计了。这种想法很不应该,在员工取得小成绩时,即使没有物质奖励,管理者一句肯定赞美的话,都能令他们信心倍增,从而更努力地工作。

用动态薪酬来留住不同人才

薪酬管理工作是人力资源管理的一项核心工作, 薪酬管理的制度、实施方式等都影响着企业的发展方向。因此,对管理者而言,建立动态薪酬机制很有必要,其关键就是抓住准确的内外时机。

所谓动态薪酬,是指根据企业员工的职能绩效、长期发展潜力,以及行业内外的人力价格水平而制定出的一种新型薪酬体系。这种薪酬体系关系到企业薪酬水平与其他企业的竞争力; 也能促进内部薪酬体系的合理、完善;不光能对员工工作绩效进行牵引,还能够对员工的能力进行牵引。

德国大众汽车公司是欧洲最大的汽车生产商,也是全球领先的汽车制造商之一。它成立于1937年3月28日,经过100多年的发展,大众汽车仍在续写着辉煌。在西欧,每5辆汽车中就有一辆来自大众。它在全球18个国家拥有45间制造工厂;全球雇员人数超过了36万人;平均每天可生产超过25100辆汽车;并为客户提供各种汽车相关的服务;产品畅销于全球150多个国家。

美国《财富》杂志经过营业额统计后发现,德国大众在全球500强企业中排在前30名。对德国大众而言,人力资源的成功成就了大众的成功。第一个成功是每个员工都获得成功,每个员工在自己的岗位上都能发挥出自己的才能;第二个成功才是企业的成功,两者相辅相成,缺一不可。

正是本着在员工实现自身价值的同时,也使企业获得更大利润的双赢理念,德国大众制订出合理的动态薪酬计划,以适应当前市场经济形势的变化,让企业发展成为一个“有呼吸”的企业。德国大众的动态薪酬体系包括基本报酬、参与性退休金、奖金、时间有价证券、员工持股计划和企业补充养老保险六项。

基本报酬比较稳定,等同于基本工资,能够体现员工的劳动价值,保障员工及其家庭的日常生活需要。参与性退休金是员工的一种自我补充保险,建立于1996年,由员工自己支付基本薪酬的2%,滞后纳税,这笔钱交给专业的基金运作组织来运作,以确保基金增值。奖金分为平均奖金和绩效奖金两种,建立于1997年,平均奖金是每个员工都能得到的奖金,起到一种保底奖励的作用;而绩效奖金则按照员工的表现、贡献等方面发放,数额不等,起到激励员工的作用。时间有价证券建立于1998年,主要是在企业内部推行将员工加班、休假时间或相应的现实应得劳动报酬,转换成未来收入或提前退休资格的全新的人力资源管理办法,如今,98%的大众员工都购买了此证券。员工持股计划则于1999年开始推行,让员工体现自己的股东价值,真正将自己与公司的命运相结合。企业补充养老计划则在2001年建立起来,是一种员工养老基金,员工用基本薪酬的5%投入基金中。

除此之外,基本报酬部分,德国大众采用的是岗位工资制度的形式。按照职位和岗位将工资等级分为22级,蓝领工人的基本报酬为1级~14级,白领为1级~22级。并且,在德国大众还有一套严格的职位消费管理办法,判断标准为职位的高低。职位消费包括车旅报销、签单权等,不同管理层有不同金额的职位消费权力,既有激励力度,又有约束力度。

大众的动态薪酬制度在很大程度上鼓舞了员工的士气,员工们看到自己的努力能够得到公司的认可,自己的付出与回报成正比,不仅觉得欣慰,更多的是感动。因此,大众的人才流失率非常低。

我们能够发现,动态薪酬是一种非常有效的薪酬模式。它不仅能够激励员工进步、挖掘自己的潜能,还能帮助企业进一步完善发展。德国大众正是跳出了传统薪酬模式的桎梏,积极实行动态薪酬制度,才为企业留下了众多人才。这些人才将德国大众推向了汽车产业的尖端。

那么,管理者在实施动态薪酬的时候要注意哪些方面呢?

1.薪酬的动态适应性要强

当今社会,市场经济瞬息万变,不论是企业外部产业环境还是市场竞争变化都十分快。因此,每个企业都应该及时关注所在行业的薪酬变化情况和人才市场上的其他企业采取的薪酬竞争策略;然后再制定出有利于本企业的薪酬应对策略,增强薪酬的动态适应性。

2.业绩贡献奖励应及时

很多企业管理者都熟知80/20法则,即80%的业绩来源于少数的20%。因此,管理者在员工为企业作出业绩贡献时发放给员工的奖励,应该在绩效工作或者是业绩奖金中体现,而不应该在薪酬晋升中体现。据相关调查显示,业绩贡献是有周期的,当员工作出优秀的业绩时,管理者应该及时给予认可,以加强薪酬激励的及时性。假如对员工业绩贡献的奖励在薪酬等方面体现出来,实际上是一种递延支付,很难体现出薪酬激励的及时性。

2.薪酬晋升要体现公平

对大多数员工而言,薪酬晋升是件值得欢欣鼓舞的事。但是管理者应该明确的是,薪酬晋升应立足于任职资格上,当任职资格发生变化时,薪酬也应随之变化。这种方式可以为企业储备人才、留住人才,还可以了解员工能力差异,为培训开发明确需求。因此,任职资格制度的公开、公正性,决定了薪酬在晋升方面的公平性。

秘诀三

解决“抱怨”问题

常言道：言为心声，员工之所以抱怨在一定程度上说明了管理者的工作没做好。记住，员工总是对的，员工没做好不是员工不优秀，而是管理者没给员工足够的支持。如果员工没做好，领导们要从自身去寻找原因，给员工更多的支持、更多的帮助，这样，员工才会发自内心地感激领导，从而不再抱怨，不再弃你而去。

天生我嘴必抱怨

职场中人，就如舌头和牙齿的关系一般，舌头哪有不碰牙的？职场中人哪有不摩擦的？摩擦之后，又哪有不抱怨之理？于是出现过“史上最牛女秘书”的抱怨，也出现过MSN上抱怨不断的签名。人食五谷杂粮，必有七情六欲，抱怨，应该也是人的本能之一吧。

其实，中国并不是一个喜欢抱怨的民族，我们的传统文化向来崇尚忍耐与克制，提倡“知足者常乐”。曾经有一个关于抱怨的排名显示，最爱抱怨的国家，第一是瑞士，第二是英国，第三是澳大利亚，第四是加拿大。而中国，排在倒数第三，是世界上最不爱抱怨的民族之一。

人在本质上都是一样的，人都有自己的利益诉求，都受到利益的驱动，而且这种利益诉求恐怕永远不会得到完全满足，因此或多或少都会抱怨。

美国的哈尔·厄本做过一个非常有名的实验：

他先是要求学生在24小时里不准抱怨，若要抱怨便记下抱怨的次数，结果参与实验的人都意识到了一个问题：其实不论他们是否真的抱怨了或者是想要抱怨，自己确实常常抱怨，而且抱怨的事情其实微不足道……

在职场上，我们经常会发现“抱怨就像空气一样无处不在”：

——员工在抱怨：面对别人的高额薪资福利，会抱怨为什么属于自己的那份却少得可怜。面对每天例行公事的工作报告，会抱怨报告费时费力影响了正常的工作进度。抱怨压力大，抱怨工作时间长，抱怨考评不合理，抱怨自己分的工作任务不理想……即使员工过生日，公司定了蛋糕，大家一起庆祝，有的员工会说蛋糕口味不对口，光吃蛋糕没气氛。如果搞生日聚会，依然会有员工会抱怨牺牲休息时间，抱怨回去晚还得打车还不给报……

——部门在抱怨：销售在抱怨生意惨淡，客户矫情要求多多却又无有效对策，市场不好任务压力大；售后抱怨自己是回收站，不是自己的过错，却每日要接收客户没完没了的斥责发难；技术在抱怨，时间紧，任务重，大小开发一身压，销售需求不明确，服务器还老犯浑；编辑也在抱怨，文章天天写天天积压，专业和工作量两难全；客户在抱怨，市场不景气，竞争日益惨烈，把希望寄托给网站，可广告费用花得快，实际与承诺相脱节。

——主管在抱怨：抱怨下属很笨，做事情不灵活很死板；抱怨下属不敬业，能难指望他休息日做点什么事情；抱怨下属没有责任心，布置的工作应付完就算了……

这些抱怨，从总体上讲，不外乎以下四种情况：

——薪酬问题：薪酬直接关系着员工的生存与质量，所以薪酬问题肯定会是员工抱怨最多的内容。比如本公司薪酬与其他公司的差异，不同岗位、不同学历、不同业绩薪酬的差异，薪酬的晋升幅度、加班费计算、年终奖金、差旅费报销……都可能成为抱怨的话题。

——工作环境：员工对工作环境和工作条件的抱怨几乎能包括工作的各个方面，小到公司信笺的质量，大到工作场所的地理位置等都可能会涉及。

——同事关系：同事关系的抱怨往往集中在工作交往密切的员工之间，并且部门内部员工之间的抱怨会更显突出。

——部门关系：部门之间的抱怨主要由于以下两个原因：部门之间的利益矛盾；部门之间工作衔接不畅。

职场不如意事十有八九。于是，抱怨成为很多人抒发“情绪”的通道。在很多公司，抱怨几乎是一种常态。可谓工作不息，抱怨不止。

抱怨并不可怕

一个人抱怨某个人或某件事，并不表示他或她真的讨厌或想放弃。

比如，父母最喜欢的孩子，可能是经常夸赞的；而内心最在乎的，却是他们经常抱怨的。

比如，如果一个女人在异性朋友面前抱怨她的丈夫或男友，那么，她一定是不想与他分手，她不过是在表达一种追求更好情感关系的愿望。她之所以背着“那个男人”抱怨，自然是因为“爱恨交加”——因为“爱”，所以在乎他的自尊；因为“恨”，所以必须到处宣扬他的“恶行”。

再比如，可能成为你朋友（同性或异性）的人有两种，一是欣赏你的人，二是抱怨你的人，二者的共同点都是“在乎”。最不可能成为朋友的，是那种从不谈及或用一种极其客观的语气谈及你的人，因为他或她根本就不在乎你。

亲情如此，爱情如此，友情如此，“职情”亦如此。

员工抱怨公司不好，并非是一件不好的事，说明他（她）还是很在乎公司，希望公司各项状况都能好起来。对领导、同事和工资抱怨最多的人（阶段），恰恰是最不可能离职的人（阶段）。因为他（她）在抱怨中获得了一种心理平衡，从而相当大程度上减轻了离职的冲动。

一位经常抱怨的母亲突然闭嘴，可能是对自己的孩子几近失望；一对经常抱怨的情侣突然变成哑巴，八成是对这段感情几近绝望；一个经常抱怨的员工如果突然变得沉默，可能是马上就要辞职。

所以说，假如公司里没人抱怨了，至少可以说明两个极端：一是公司好到已经没有任何人可以有抱怨了；二是抱怨的人已经死了抱怨的心，那样的话，公司离完蛋就不远了。

"我很能容忍下属们的抱怨,我甚至鼓励他们抱怨。"深圳一公司销售部经理张燕说,"若就此加快员工的情绪疏导并从中发现问题,那么抱怨将成一个管理富矿。"

"现在的工作就是不好做。""我没有他那么优势的资源。"……在公司里,张燕总能听到员工们形形色色的抱怨。张燕刚当上经理时,每当给下属布置了有难度的任务,或者员工遭遇挫折后都会有报怨,对于这样的抱怨他很反感。他一度认为,这是员工故意放出风声,届时推卸责任的一种方式。

虽然张燕或明或暗地提醒下属,要保持工作激情和斗志,改善工作方法,但是抱怨的风气并无太大改善。与此同时,他发现,抱怨归抱怨,员工们干起工作来一如既往地认真踏实,他们没有逃避、懈怠。

经过细心地观察,张燕认识到,员工抱怨公司的理由,大多和抱怨天气一样,并不是想改变什么,只不过这些小小的"消极仪式",能够让他们在工作中找到一个"交集",确认经历了共同的经验与不幸,更融洽地凝聚在一起。

张燕遂决定,鼓励发泄这种无伤大雅的交际性牢骚,加快员工情绪疏导,及时发现并修复某些抱怨背后的工作"硬伤"。半年来,他们的销售额上升了20%。

此则案例就明确地告诉我们:抱怨并不可怕,相反它还有存在的价值,就看你能不能挖掘出来。

很大程度上,抱怨是一种生活痛感的折射,有痛感肯定比麻木迟钝要好。所谓"愚民",肯定是不会抱怨的人。

笔者最近看到网上有篇题为《抱怨》的散文,文中有这样一段文字:

从某种意义来说,只有那些爱抱怨的人才值得真正去珍惜,正是他在槽枥之间与你呆得太久了,这个再也熟悉不过的他曾经以身相许的地方的毛病,才开始如疥疮一般在他眼前显现出来,他不能坐视不见,任其溃烂以致大面积扩散——抱怨的人一点也不缺少责任心,天长日久，草木也生情，何况人乎？你就不能小看了他对你的感情，世界上哪有那么多的忘恩负义？背井离乡，适彼乐土者古已有之，但大多数人远走他乡之前，也曾做过怎样的呐喊，只是没有他想要听到的那种回声，寂然而去实属迫不得已，落得个身后的骂名怎么能说得清？

分析这段话的具体内涵，可以得出“抱怨是一份礼物”的结论，这是IBM公司领导人多年来一直坚持的管理理念。

首先敢抱怨的人肯定对某种现象领悟颇深，因为领悟深，当然也会想到一些解决问题的方法；其次，能抱怨公司存在问题的人往往比较有责任心，如果没有责任心，谁会站出来管份外的事呢，还不如忍气吞声地收自己的薪水罢了。

所以，精明的管理者一定要注意：但凡有人站出来抱怨某个地方不合理的时候，没准眼前的这个员工就是解决问题的最佳人选。

治人如治水

也许这是一种社会现实，工作的压力太大了，需要通过抱怨发泄一下，这是完全可以理解的；

也许这是一种安慰自己的方式，给自己找一个心安理得的借口，我尽力了，不怨我，考评不合理，怪也只能怪制度，怨也只能怨领导；

也许这是一种社会现象，社会发展到一定阶段的产物，经过一定的磨合、适应，人们的思想会发生变化，抱怨会慢慢地消失；

……

但不管怎样，抱怨存在于我们的工作之中，当抱怨升级，就会造成不和谐。

王海所在的公司，最近正在密谋“弹劾”他们的主管。他说，同事平时在一起时，关于公司和主管的抱怨很多，可主管并不知道，即使有时候主管知道了,他也不主动解决。后来,同事抱怨的主题越来越一致,越来越与自己的切身利益有关,主管不能解决的问题也越来越多。所以,大家几乎不约而同地提出对主管的弹劾意见。

由此可见,对员工抱怨采取不闻不问的态度,对管理者自己而言,几乎相当于“慢性自杀”。

事实上,采取不闻不问态度的只是少数人。多数管理者并非不了解抱怨的危害性,他们知道抱怨——这种“不和谐的声音”的负面作用,因此,一些管理者认为如果从根本上铲除抱怨就可以高枕无忧了。于是,我们在一些公司中常常听到这样的声音:

——不满意可以不干,但你不能抱怨,不要把你个人的情绪带给大家。

——不要抱怨工资少,因为你的市场价只值这个数,你今天走,我明天还可以用同样的工资招到能做这个工作的人。

这种压抑遏制的方式,最终的结果是,员工先是“道路以目”,时机成熟就会群起而攻之。治人如治水。“堵”不如“疏”,因为越“堵”越多,越“疏”越少。

人称“经营之神”的松下电器公司前总经理松下幸之助有句口头禅:“让员工把不满讲出来。”他认为这一做法,可以使管理工作多了快乐,少了烦恼;人际关系多了和谐,少了矛盾;上下级之间多了沟通,少了隔阂;公司与员工之间多了理解,少了对抗……

现在大多数企业中都设立了让人才发泄怨愤的渠道,通过提供正式的、文件完备、高度公开化的手段使人才的抱怨得到消除。

以下是美国联邦捷运公司完善的抱怨处理程序,可供参考:

为了处理员工的抱怨,公司特地设立一个“五人小组”,由CEO、最高经营主管、最高人事主管,以及其他两位资深副总裁组成,主要负责确认和解决员工的不满,几乎每个星期二上午,他们都会聚在一起对归档的抱怨和申诉进行审查和裁决。

例如,员工认为自己该晋升而未晋升等问题,都可以方便容易地拿到专用的抱怨表格，填写后可以交给特定人员。正像员工手册中所写的那样："如果你因任何原因受到处罚，你都可使用投诉程序。"

联邦捷运公司的抱怨处理程序包含以下几个步骤：

一是管理人员审查。员工可以在有关问题出现7天之内提出书面抱怨；然后，该员工所在单位的经理、高级经理和执行董事会审核收到的所有信息；接着与抱怨人一起开电话会议或见面会谈；根据事实做出支持或推翻所抱怨事项的决定；将通知书送达本人与人事部门。这一步骤的时限是10天。

二是向高级管理人员申诉。在收到第一步所做的决定7日内，当事人可以向一位高级管理人员——如副总裁递交书面申诉材料。然后，由副总裁或第一副总裁核定信息，必要时进行进一步调查，根据调查结果，做出支持、修正或推翻所申诉的抱怨的决定，将决定书面通知当事人，并将决定副本转交给该部门的人事部人员。时限也是10天。

三是提交申诉主管审查。收到第二步决定7日内，当事人可以向员工关系部提交书面申诉材料。由该部进行调查，并准备好向"五人小组"提供书面材料。"五人小组"将审查所有信息，做出是支持、修正还是推翻第二步决定的决定。有时，五人小组会任命一个专门小组来进一步调查与处理该抱怨事项。一般在收到申诉材料的10天内办结。

美国联邦捷运公司成立于1907年，现在该公司已成为了世界最大的承运人和邮递、包裹与货运公司。在当今这个电子商务和网络迅猛发展的时代，人员的流动明显加快，然而，美国联邦捷运公司的员工保留率却仍然保持在9%，而在公司工作20年以上的员工则随处可见。究其原因，是公司恰当及时地处理抱怨，体现了对员工的充分重视，留住了员工的心。

没有满意的员工，就没有满意的企业。对于员工的背后抱怨，不如鼓励员工当面大胆讲出来，然后快速化解，做到抱怨出现不回避，倾听不发火，处理不偏倚，坚持以人为本原则，把握"及时沟通、公正公平"两个关键，避免"星星之火，可以燎原"，就能够创造良好的企业人文环境，助力企业快速健康发展。

架起与员工沟通的桥梁

要想解决员工的抱怨问题，管理者必须架起与员工和谐沟通的桥梁。沟通是管理的高境界，许多企业管理问题多是由于沟通不畅引起的。良好的沟通，可以使人际关系和谐，可以顺利完成工作任务，达成绩效目标。沟通不良会导致生产力、品质与服务不佳，使得综合成本增加。

一个有核心竞争力的企业管理者，一个善于“攻心”的管理者一定是优秀的沟通者，他们深知发挥任何一种攻心术的影响力的主要途径是人际沟通和互动。作为管理者，生活在复杂的上下级关系之中，不注意沟通，不注意拉近和员工心与心的距离，工作就根本无法开展。

松下幸之助有句名言：“企业管理过去是沟通，现在是沟通，未来还是沟通。”雄踞世界500强榜首的零售业巨头沃尔玛公司前总裁萨姆·沃尔顿也曾说道：“沟通是管理的浓缩。如果你必须将沃尔玛体制浓缩成一个思想，那可能就是沟通，因为它是我们成功的真正关键之一。在这样一家大公司实现良好沟通的必要性，是无论怎样强调也不过分的。”

沟通在企业管理中的重要性可以用两个数字来直观地反映出来，即两个70%。

第一个70%，是指实际上企业的管理者70%的时间是用在沟通上。开会、谈判、谈话、作报告是最常见的沟通形式，撰写报告实际上是一种书面沟通方式，对外各种拜访、约见也都是沟通的表现形式，算起来他们有70%的时间花在沟通上。

第二个70%，是指企业中70%的问题是由于沟通障碍引起的。比如，企业常见的效率低下问题往往是由于大家没有沟通或不懂得沟通引起的。实际上，企业里面工作不能顺利进行、领导力不高方面的问题，归根到底，都与沟通能力的欠缺有关。比如说经理们对员工经常有恨铁不成钢的想法，觉得年初设立的目标他们没达到，自己在工作中寄予他们的一些期望，也没有达到。为什么这种员工达不到目标的情况会经常出现？通过调查发现，员工对管理者的目的或者说期望是不清楚的，这无论是由于管理者的表达有问题，还是由于员工倾听领会的能力不行，归根结底都是沟通不畅造成的。

沟通不仅能使上下层级关系通畅，做到信息共享，还能起到“攻心”和激励的作用，让全员思想统一，行动一致，从而共创佳绩。

从行为科学的角度来看，组织是一群人对工作职责的了解、团体精神的感受、情感的交流、需要的满足所形成的一个心理状态。沟通有赖于联络，有赖于人的思想和情感的交流和了解。对于一个组织而言，有效的意见交流，可以增进管理者与员工之间，员工相互之间，团体与团体之间的了解和信任，可以使团体间人际关系得以改善，使团体感、责任心、荣誉感、士气和服务精神随之增强，这样，组织的凝聚力也会因此而得到强化。相反地，缺乏有效的沟通，相互之间得不到理解和信任，就会使组织气氛处于压抑状态，就会使士气低落、人际关系紧张，由此影响组织工作的绩效和效能。

所以，管理者一定要在管理中重视运用沟通。英国管理学家L·威尔德说：“管理者应该具有多种能力，但最基本的能力是有效沟通。”

作为一个管理者，与别人沟通交流的能力是相当重要的。沟通技巧的高低往往决定了一名管理者职业生涯最终能达到的境界。一个善于与别人交流的管理者，可以让员工充分信任你，让部门中充满团结协作的气氛。

首先，沟通的实现有赖于良好的机制，第一种就是通过正式的沟通渠道：如月会、座谈会等；第二种就是通过非正式的沟通渠道：如面对面单独沟通、电子邮件、小范围聚会等。无论是通过哪种形式沟通，都要让员工说话,并且是发自内心的真话。

某上市公司王总,较擅长与内部员工的沟通。虽然公司的营销网络遍布全国,业务队伍庞大,但是王总无论多么繁忙,都会在百忙之中抽空打电话或亲笔写信给员工。因而,即使是一名身在远方的普通业务员,都会感到自己与公司的距离很近。公司每月会收到来自全国各地一线员工的建议书,这些建议被采纳的还会受到奖励。

另外,管理者在与员工沟通时,必须把自己放在与员工同等的位置上,"开诚布公"、"推心置腹"、"设身处地",否则当大家位置不同就会产生心理障碍,致使沟通不成功。

老张曾在一家全国知名的企业工作过,任华东地区某营销总部的经理。他说:"我和同事一直保持着良好的团队精神。我重视他们的感受,并保持与他们沟通,听取他们的观点,让每个人的长处能够充分地发挥。上班时他们叫我张总,下班后他们就叫我张哥。这样的关系让我们的工作效率超越了其它部门。"所谓平民化沟通,就是让沟通的双方没有距离。

只要与员工保持良好的沟通,让员工参与进来,由下而上,而不是至上而下,在企业内部形成运行的机制,就可实现真正的管理。一句话,让员工把工作当成一件快乐的事情才能真正调动起员工的积极性和能动性,获得企业更大的发展。

如果一个组织内部缺乏沟通氛围,其管理者是有很大责任的。沟通能力是管理者的基本素质,沟通是管理工作的基本内容,有效沟通是一切工作的前提。因此,每一个管理者都必须架起与员工有效沟通的桥梁。

为员工做好“精神按摩”

抱怨的原因有很多,有时员工之所以抱怨不停是因为精神压力太大所致,这个时候,管理者就要为员工做好精神按摩。

所谓“精神按摩”,就是指针对员工的压力所造成的反应,即情绪、行为及生理等方面症状的缓解和疏导,改变由于压力造成的不合理的信念、行为模式和生活方式等,从而在员工的精神面貌、身心健康上得以增益,这有助于工作绩效的改善。

北京师范大学心理学院人力资源与管理心理研究所讲师张西超在国内较早提出职业压力管理的概念,他认为“很多压力源是客观存在的。因为市场的关系,因为竞争的关系,这种压力是去不掉的。职业压力管理并不是要彻底消除这种压力,而是缓解或分散压力,降低压力对企业、个人带来的不良影响。”

美国阿肯色大学最近的一项研究表明:压力的产生不取决于工作时间的长短,而取决于工作的方式。堆积如山的工作、不得已的加班是许多员工都常常遇到的问题,这些问题给员工造成了很大的心理压力。如何优化员工的工作方式,创建宽松、自由、高效的工作环境是企业压力管理面临的首要问题。

1.允许员工适当闲聊

大多数的老板看到员工在工作时间里闲聊,都会感到恼火,认为这是忙里偷闲的行为,其实,闲聊能很好地缓解员工的心理压力。

最近,英国职业心理学家的一项研究显示,工作的时候适度闲聊有助于缓解员工绷紧的神经。进行有关调查的伦敦大学沃丁顿女士说:“经常在工作的空闲时间聊一些轻松的话题,看起来对工作没什么助益,却对健康非常有好处。闲聊使人们心里受用,工作起来顺心,而且更富创造力。”

员工之间相互交流也有助于彼此间获得支持和反馈信息。另外，工作场合气氛比较严肃，只有闲聊时人们才能不设防地展示自己的个性，有助于精神放松，老板们应该用不同于以往的眼光来看待闲聊。研究员甚至声称，老板们应该适当允许自己的员工在工作时聊一些有趣儿的话题，这样有利于增强员工的创造力。但前提是一定要以按时完成工作目标为基准，否则就会得不偿失。

2.弹性工作制

从人的心理角度分析，大多数的工作者都不愿意拘泥于传统的“朝九晚五”的工作方式。现代社会工作、生活节奏过于紧凑，必须有更灵活的工作方式来激起他们的工作热情，帮助他们调整最适合自己作息习惯的生物钟，以保证有充足的休息时间来“降压”、“解压”，让他们的头脑时刻保持高度的清醒。

在这样的条件下，一种新兴的、更适合时代发展的工作方式——“弹性工作制”应运而生。

在欧美，超过40%的大公司采用了“弹性工作制”，其中包括施乐公司、惠普公司等著名的大公司；在日本，富士重工业、三菱电机等大型企业也都不同程度地进行了类似的改革。

弹性工作制是指在完成规定的工作任务或固定的工作时间长度的前提下，员工可以灵活地、自主地选择工作的具体时间安排。从心理上讲，它给予员工更多的自主权和责任感，顺应了员工成长的需要。

3.娱乐式工作，让人乐此不疲

在德国汉堡的七象通讯公司现代化的办公室内，除了敲打键盘的声音外一片寂静，有些员工还戴着耳机，边工作边听着他们喜欢的音乐，公司领导人华格纳很惬意地说：“早上一觉醒来想到要工作，就是件愉快的事。”七象公司的工作状态很轻松，而目的便是为了要激励那些年轻的职员。这一招果然奏效，在一向以欧洲工时最短而闻名的德国，七象公司的员工都心甘情愿地每天工作10~12小时。

同事成为好友，工作生活成为一场大派对，所有活动都集中在办公场所，下班时间一到，这些新经济新贵们并不是急着回家，而是把亲朋好友召来公司参加即兴派对，老板还会随时供应餐饮，让员工吃吃喝喝，由于次日都得早起会见客户，所以大家都不会喝醉。

七象公司的专案经理罗丝说，她很喜欢自己的工作，即使工作12小时后，还有精力能做其他的事，以前从事朝九晚五的工作时，每天准时下班，反而累得很。

4.咖啡文化，有效释放压力

香港凤凰卫视公司，专为员工开辟了“咖啡屋”，明基电通总部也在办公楼里，设了间星巴克式的咖啡厅。从这里飘出的咖啡浓香不仅是企业文化的一种成份，而且更成为白领休闲文化的重要组成部分。

众所周知，福利待遇越好的公司，管理就越发严格，Office里的“气压”就越高。无声办公的氛围加上透明玻璃间内老板不时瞥出的目光对员工都是一种无形的压力，“压”得人异常紧张。在这样的工作气氛中，当你面对着厚厚一摞待处理的文案愁眉不展时；当你刚刚挨了上司的“钉子”，心中怒气冲天却不敢发作时；当你加了一个通宵的夜班，头昏脑涨可又不得不出席一个重要会议时，一杯热气腾腾、香气四溢的咖啡无疑是最适宜的调节。这种花钱不多却人情味十足的“温柔政策”，员工们是十分买账的，于是“鞭打”的“痛”就不那么难以承受了。

但凡Office集中的区域，咖啡厅的生意也必定红火。白领们喜欢在午时或下班后钻进咖啡厅里“泡”着。结伴的大都是同事，他们在此可畅所欲言。咖啡在潜移默化中成了Office的附属品，成了白领们舒缓“压力”的最佳饮品。在这种混合着奶香、甘甜与苦涩的液体中，紧张工作和生活着的人们找到了一个适合的借口彼此交换着信息，彼此释放着忧怨，彼此汲取着理解和温暖，从而获得一种热情洋溢的生命情调。

用宽容去消除员工的偏见

在职场中，员工对管理者产生偏见也许是一件很正常的事，因为一个领导往往要领导很多员工，不可能面面俱到，一时疏忽，就难免会招致来自员工的偏见。

心理学家认为，如果员工对你存在偏见，那么一定是存在心理动因的。一个人对另一个人之所以产生偏见，往往有两方面的可能：一是"首因效应"导致不良印象，从而产生偏见，即使对方如何改变，拥有偏见者也很难改变；而是当某个人发现另一个人某方面的缺失后，就会附带性地认为他其他方面也存在缺失，这就是"晕轮效应"，由一点偏见产生更多的偏见，最终误解对方。

当员工对你产生偏见以后，你首先就得与其沟通，积极发现自己的不足，以便改变自己，也改变对方对你的偏见。然而，改变自己的缺点是有一个过程的，消除别人的偏见也非轻而易举，这时候，作为管理者，就要学会宽容。

小杜毕业后初入社会不久，就在某合资公司外贸部当了主管，不幸碰上一位对她偏见颇深的下属。这位下属是一位将近40岁的女人，工作能力还可以，在这家公司呆了四年，仍然未获得一官半职，因此对年轻有为，初来乍到的小杜存在偏见。此人总是无事生非，非难小杜，还常常撒播谣言败坏小杜的名誉。小杜不是一个会"争"的女孩子，只好忍气吞声等日本科长长出"火眼金睛"，结果等了三个月，还是等不来一句公道话。一气之下，小杜就去了另一家外资公司。在那里，她出色的工作博得了许多同事的称赞，但是不幸又遇上了另一位对她存在偏见的员工。心灰意冷间，她又萌动了跳槽之念，于是向新加坡总裁递交了辞呈。总裁先生没有竭力挽留小杜，只有告诉她自己处世多年得出的一条经验:如果你讨厌一个人,那么你就要试着去爱他。总裁说,他就曾鸡蛋里挑骨头一般在一位上司身上找优点,结果他发现了老板两大优点,而老板也逐渐喜欢上了他。

小杜的事例说明,面对员工的偏见,管理者要善于从自身找问题,用一颗宽容的心率先对员工友好起来,从而使得大家融洽相处。

宽容不但是做人的美德,也是一种明智的处世原则,是人与人交往的"润滑剂"。常有一些所谓厄运,只是因为对他人一时的狭隘和刻薄,而在自己的前进路上自设的一块绊脚石罢了;而一些所谓的幸运,也是因为无意中对他人一时的恩惠和帮助而拓宽了自己的道路。

宽容犹如冬日正午的阳光,去融化别人心田的冰雪变成潺潺细流。一个不懂得宽容别人的人,会显得愚蠢,大概也会苍老得快;一个不懂得对自己宽容的人,会把生命的弦绷得太紧而伤痕累累,抑或断裂。

卡耐基说:"如果一般说来你不喜欢他人,有个简单的方法可以教化这种特性:寻找别人的优点,你一定会找到一些的。"释迦牟尼说:"以爱对恨,恨自然消失。"试着去宽容对你存有偏见的员工,你的生活将会绚丽多彩。

那么,在具体的沟通与交流的过程中,管理者怎样才能避免或消除员工对自己的偏见呢?

1.检讨工作

只有对自己所做的工作进行认真细致地检讨,才能知道如何去和员工沟通与交流,如何来获得员工的理解与支持,从而消除误会和偏见,让员工更客观、更科学地去评价自己及自己所作的决策,等等。

2.以诚待人

人的感情部是具有反射性的。你若希望别人对你和善,你首先要对别人和善;你若想别人对你付出真心,你首先要对他人付出真心。如果你能待人更真诚、主动、热心一点,随时随地以诚待人、将心比心,你就更容易被人接受和信任。

3.提高自身素质

有的管理者有时无法与员工进行正常的沟通、交流，甚至有些人还认为与员工"没有话说"、"不知道说什么"，而这些恰恰就是造成员工对自己产生误会或有成见的原凶。所以，这就要求管理者通过日常的学习与充电，不断提高自身的素质，开阔自己的视野，从关心员工生活的一点一滴做起，做一个虚怀若谷、待人友善的好领导。

4.主动和别人说话

要想结识有趣的人，必须先成为有趣的人；想成为有趣的人，就要主动和别人谈有趣的事，不要老是等着别人讲话。总是喜欢和人分享有趣事物的人，他的身旁必定有许多愿意倾听的朋友。不必刻意去"搞好人际关系"，能尊重他人，使人心情轻松，自然会受人欢迎。

5.让时间来见证

对于员工确实对自己存在误解或者"积怨"颇深的，除了要积极主动地与他们进行沟通与交流，以解除员工对自己的偏见外；另外一个方法，就是让时间来见证自己，印证自己，从而取得员工的谅解与理解。

6.站在员工的立场上看问题

很多管理者都抱怨员工不近人情，不尊重自己，而从不站在员工的角度上来公正、客观地看待问题。其实，每个人都有很多苦衷，管理者只有学会站在员工的角度上来看待和理解员工，才能给双方友好的沟通打下良好的基础。

当然，用你的宽容去消除员工的偏见，并不意味对恶人横行的迁就和退让，也非对自私自利的鼓励和纵容。谁都可能遇到情势所迫的无奈，无可避免的失误，考虑欠妥的差错。所谓宽容就是以善意去宽待有着各种缺点的人们。因其宽广而容纳了狭隘，因其宽广显得大度而感人。

悉心倾听员工的唠叨

员工中最普遍的抱怨形式就是唠唠叨叨，把自己的一肚子不满倾倒出来，对此，作为管理者绝不能装作听不见。相反，你一定要做员工的听众。善于倾听员工唠叨的管理者，能给予员工充分的尊重，能进一步拉近与员工之间的距离。

每个人都渴望获得他人的认可，无论是国家元首、世界首富，还是流浪汉、乞丐。因此，要获得别人的喜欢或敬重，最好在自己想说什么事情前，首先知道他们会说什么。说话之前先倾听，不仅能避免乱说话，同时还是一种能够认可他人的极具力量的方式。

倾听是沟通过程中一个重要的环节。管理者在与员工的交流中，所能做到的最重要的事就是倾听。获得驾驭人的卓越能力的最快捷、最容易的方法之一就是用同情的心理，竖起耳朵倾听他们的谈话。要成为一个好的听众，你必须学会什么都能听得进去，忘掉自己，要有耐心，要有关心。

有相当一部分管理者自欺欺人地认为，员工就要绝对听从他们的意见。一些管理者经常会说这样的话："我说了这么多了，你们觉得我的观点怎么样？"这个时候，可能没有几个人愿意回应你的问话。上帝之所以给我们两只耳朵一张嘴，就是要我们少说多听。如果我们总是张着嘴说话，那么学到的东西肯定非常有限，了解到的真相也会少得可怜。有的时候看到管理者和员工在面红耳赤地争论，细听一下，两人表达的观点其实并没有多大的差别。有时，正因为彼此没有耐心听人述说，该说的话没有让人说完，该听的话没有听到，使一些好的建议被埋没，一些正直的意见被曲解，一些并不复杂的问题复杂化，一些不该有的隔阂由此产生。

善于倾听是管理者胸怀宽广的表现。俗话说,一个人的胸怀有多大,这个人就可以做多大的事情。管理者给予员工充分发牢骚的时机,员工的精神层面得到放松的同时,管理者也可以了解员工的想法,同时改进自己不足的方面,甚至还可以从员工真实的声音里,得到合理化的建议。所以,要成为一名优秀的管理者,就要用心倾听员工的唠叨和意见。在陈述自己的主张说服对方之前,先让对方畅所欲言并认真聆听才是解决问题的捷径。

是否倾听反映的是管理者对员工的态度,如何倾听牵涉的是管理者的水平问题。如果管理者认为自己听见了就是在倾听,那是不准确的,因为倾听不仅仅是用耳朵,更要去用“心”。

倾听员工的唠叨,管理者需要注意以下事项:

1.呈现恰当而肯定的面部表情

作为一个有效的倾听者,管理者应通过自己的身体语言表明对员工谈话内容的兴趣。肯定性点头、适宜的表情并辅以恰当的目光接触都是必不可少的。

2.完全忘记自我

很多人都会以自我为中心来谈论话题,优秀的管理者要想获得卓越的驾驭人的能力,一定要把谈话的中心放到员工身上,认真倾听员工的谈话。

3.要平等待人

有的管理者只喜欢自己讲,一听员工说话就烦,不爱听,以为自己一定比员工高明。这种行为一开始就为双方的谈话罩上了阴影。谈话重在交流沟通,求同存异,不要总认为“我对你错”。平等,是开启交流的第一扇窗户。倾听述说,应该从这种平等的心态开始。

4.不要随意打断员工

在员工尚未说完之前,尽量不要作出反应,让其把话讲完;不要轻易打断他,一定要鼓励他讲出问题所在;在倾听中保持积极回应,千万不要急于反驳;先不急于下定论,务必听清楚并准确理解员工反馈过来的所有信息;再一次与员工核实你已掌握的信息,理清所有问题,使之条理化、系统化,然后迅速作出判断,并表达自己的想法。

5.要保护对方的述说内容

员工向你倾诉,是对你的信任,谈的内容可能是他不愿让旁人知道的事情,有的很可能是个人的隐私。管理者要保护员工的隐私,尊重员工的隐私权。员工述说的内容,管理者除了表示理解之外,切记不可公之于众,或当成笑料加以宣扬,更不可看成是该人的短处,把它变成控制此人的把柄。

6.避免出现隐含消极情绪的动作

切忌左顾右盼、心不在焉、敷衍搪塞,或拉抽屉、看报纸、玩弄钢笔、看电脑屏幕、看手表等。这些隐含消极情绪的动作,给倾诉者的感觉就是你对他的谈话不感兴趣,从而影响和谐的沟通。

7.要有耐心

有耐心不是一件很容易的事,尤其是在你有急事要办,可某个员工非要告诉你一些无关痛痒的事情的时候,更不容易耐住性子。管理者锻炼耐心倾听的最好方法就是冷静下来不批评人, 不急于下断语。在你发表看法之前,最好是冷静地思考一番,尤其是那些可能毁坏对方的自我意识、尊严和自尊心的事情,就更不能轻易下断言。无用的批评从来都不是驾驭别人的好方法。

8.要宽容对方言语中的错处

在谈话中对方可能会有不正确,不妥当之处。当听到这些时,最好不要立即给予纠正,也不可在情绪上表示出某种不屑和厌烦。要让对方看到你的真诚,为他接受你的观点打开一条通道。待到对方讲完了要讲的话,并表示希望你谈谈看法时,再开始谈话。这也是对员工自尊心的一种保护。

弦外之音要听清

俗话说:一人难满百人意。管理者在管理活动中,即使做得再好,也会有一些下属不满意,也往往被抱怨这、被埋怨那。面对下属的抱怨,管理者应该如何对待?这不仅是检验管理者处事能力和水平的一个重要方面,同时对进一步改进工作方法、充分调动下属的积极性、提高下属的工作效率,都具有十分重要的意义。

员工内心里总有许多苦衷,希望能说给管理者听,但大多数员工的苦衷都憋在心中,忍久了,有时可能会忘掉这些不愉快,有时越积越多就可能会爆发出来。有很多人都曾这样说过:"因为薪水过低,我不干了。"实际上,这仅仅是表面的借口而已,其实,他的心中已潜伏了许多的不满。

抱怨中也有很多是很好的建议,抱怨有两种:

一是环境型抱怨,指的是人才对给其造成不满意的"软硬"环境的抱怨,比如工作环境、薪酬等。

二是事业型抱怨,指的是人才担心工作单位发展前景不乐观而阻碍其实现职场价值和事业发展的抱怨,业界也称之为"前景抱怨"。

"兼听则明,偏信则暗。"有"全球第一CEO"之称的通用电气第八任总裁杰克·韦尔齐,他认为:一个成功的CEO,他本人不一定是天才,因为天才也会有疏忽的时候。因此身为一个天才的CEO,最重要的一点是一定要懂得群策群力、集思广益。

所以,面对这些抱怨,管理者应该做到让自己先沉住气,使自己冷静下来,这是一种本领,也是处理矛盾危机的捷径,同时也是权衡一个领导是否老练,经验是否丰富的重要指标。

有不少企业的领导,听到下属对自己的抱怨,有的不以为然,有的对下属大加责备,有的则怒火中烧。其实,这些处理方法都是不恰当的,这是上司与下属沟通不畅的主要表现。

崔小姐是一家网络公司的市场推广经理,她曾经亲自招聘了一位市场专员,这位员工干了没几个月,就抱怨连连,一会儿说支持不够,一会儿说预算紧张,总能找一堆借口。崔小姐相信自己看人没走眼,可能别的方面出什么问题了。她找到该员工推心置腹地谈了几次,才发现抱怨的症结所在,原来员工对工资不满。崔小姐当即许下承诺,只要业绩达到目标,一定加薪。有了定心丸,这位员工工作表现十分出色,抱怨也很少了。

如上面这位员工的抱怨一样,更多时候抱怨者的抱怨只是“借题发挥”,有的时候只是想表明一种态度。例如,一位打字员可能抱怨他的打字机不好,而他真正抱怨的是档案员打扰了他,使他经常出错。

抱怨无非是一种发泄,他需要听众,而这些听众往往是他最信任的那部分人。当你发现你的下属在抱怨时,你可以找一个单独的环境,让他无所顾及地进行抱怨,你所需做的就是认真倾听。只有你认真倾听,才能听出他讲话的“弦外之音”,才能找到正确处理的办法。

实际上,80%的抱怨是针对小事的抱怨或者是不合理的抱怨,它来自员工的习惯或敏感,对于这种抱怨,可以通过与抱怨者平等沟通来解决。

一个出色的管理者应乐于接受下属的抱怨, 如果你一时没有空听他们诉说, 也应约一个时间让他们向你倾诉。不要立即反驳下属的怨言,应该让他们一吐为快,重要的是管理者要在倾听中准确地听出弦外之音,然后对抱怨者提出的问题做认真、耐心的解答,并且对员工不合理的抱怨进行友善地批评,这样做就基本可以解决问题。

另外20%的抱怨是需要作出处理的,它往往是因为公司的管理或某些员工的工作出现了问题。对此,首先还是要平等地进行沟通,先使其平静下来,阻止抱怨情绪的扩散,然后再采取有效的措施。

沟通时,必须始终保持诚恳的态度,积极疏导,切忌挖苦、讽刺,努力寻找弦外之音，了解抱怨者的真正意图。

当企业领导发现员工对自己的抱怨的确是因为自己的某些地方做得不恰当或不太合理时，要勇于承认错误。诚恳地道歉是解决矛盾的“良药”，也是一个人胸怀宽广的表现。有些领导明知是自己的错误，但出于面子或是想维护自己的地位而遮遮掩掩，甚至还要找出无数理由为自己辩解，这样做只能是欲盖弥彰，起到相反的作用。这是一个心理误区，敢于公开道歉并不是丢人的事情，而是说明了你为人坦诚，令人敬佩。

要记住，不满并不代表不忠。认为对某一事情表示不满的人就一定对企业、管理部门或对你极为愤恨，这是极其错误的想法。实际上，正是有了这种抱怨和不满，才使你意识到企业里可能还有其他人在默默忍受和抱怨着同样的问题。默默忍受可以使下属忍气吞声，表面虽然平静，却会严重影响工作效率。如果你能随时处理他们的不满，解决他们的问题，抱怨者就会对你心存感激，从而更努力地工作。

秘诀四

解决"痛苦"问题

在美国做管理，不需要感动员工，只要按合同支付报酬就行。而在中国，人们追求更多的不仅是金钱，还有感觉。归根究底，人们心理上最终追求的是生活的幸福，而不是有更多的金钱。因此，管理的终极目标应是幸福的最大化。从这个角度说，如何提升员工的幸福感，从而使其更快乐地为企业工作，成为摆在企业管理者们面前的新课题。

幸福还是痛苦

幸福还是痛苦，正在成为眼下被广泛关注的职场问题。国内曾经有机构对“工作幸福感”作过一个调查，结果令人大跌眼镜：90%的人没有“工作幸福感”。

根据统计分析，中国在职人士总体“工作幸福指数”为2.57（最高值为5，最低值为0），处于中等偏下状态。

从目前企业的现实情况看，调查显示：

——超过30%的在职人士认为他们的工作量不合理；

——40%的被调查者对工作环境和工作关系不满意；

——近50%的被调查者对自己在单位的发展前途缺乏信心；

——近40%的被调查者表示并不喜欢自己的工作；

——超过50%的被调查者对自己的薪酬不满；

——超过60%的被调查者认为自己所在的单位管理制度与流程不合理；

——超过50%的被调查者表示对自己的直接上级不满。

这些都表明在影响员工幸福感的问题上，企业的管理设计和管理能力成为直接的因素。

我们的员工不但不快乐，而更多的是处在抑郁和焦虑之中。

华为总裁任正非曾为患抑郁症员工写了一封信——《要快乐地度过充满困难的一生》，信的开头写到，“华为不断地有员工自杀与自残，而且员工中患忧郁症、焦虑症的不断增多，令人十分担心”。很不幸的是，任正非的话音刚刚落下，又有一位华为的员工疑因压力过大而自缢于深圳某小区的楼道内。

华为的状况并不是独有，《世界经理人》在做十大管理实践调查时，员工心理管理获得的投票数高居第三位，反应了这一问题的普遍性。

不管走到哪里，你都可能听到这样的感叹——

“唉，累死我了！”

“总是疲惫不堪，休息也解决不了问题。”

“精神状态差，做事情提不起情绪……”

“健康状况下降却没有临床症状……累。”

累——是我们时常听到的无奈叹息，是影响快乐的重要因素。

工作本身真的累吗？错，真累的是——人的心。

如何缓解员工心理和情绪上的不良状态，是中国企业面临的新课题和待解的难题。

“三流企业重产品，二流企业重品牌，一流企业重文化、重快乐。”未来经济是高度的人性经济，快乐将成为企业管理的终极追求，企业不快乐，就无法让顾客快乐，顾客不快乐，企业便无力在风起云涌的商业竞争中夺魁。

而职场中的现实是有过半的人在承受着不快乐的压力。

在对“快乐因子”的调查中，“工作是否能体现自己的能力和价值”高居榜首，“是否有发展的机会”紧随其后，“公司气氛是否友好有人情味”则夺下探花之位。

在“公平合理的激励政策”、“鼓励创新的开放精神”、“透明公开的晋升制度”、“通畅的交流渠道”和“及时全面的培训发展制度”五个选项中，“及时全面的培训发展制度”和“公平合理的激励政策”分别以24.27%和24.09%居第一位和第二位，同样证明了员工对于成长机会与成就被认可的看中。

调查结果显示，“挣钱多少”仅以9.82%居倒数第三位。

据分析，在造成员工不快乐的因素中，有相当多的一部分来自于公司制度的不合理性，极大地挫伤了员工的积极性；还有一点就是公司的内部环境，包括办公环境脏乱让员工没有心情工作，复杂的人际关系、办公室政治都会让人感觉到不快乐；最重要的一点是没有一个赏识自己的老板，自己做的工作不被老板所承认或者是老板疑神疑鬼等原因。

在管理学发展史上有一个占有重要地位的实验——霍桑实验。

霍桑是一家专门制造电话机的工厂，设备完善、福利优越，具有良好的娱乐设施、医疗制度和养老金制度，但工人仍愤愤不平，生产效率一直不理想。

1929年，哈佛大学教授梅奥率领一个研究小组到霍桑进行了一系列的考察与研究。结果发现：原来假定对工厂生产效率起影响作用的照明条件、休息时间，以及薪资待遇与工作效率的相关性很弱，工厂内的群体气氛、工人的工作情绪和责任感与工作效率的相关程度反而较高。

换言之，职工士气、生产效率主要决定于职工与管理人员以及职工与职工之间的关系是否融洽等心理环境，而非工作条件等物理环境。

这一结论具有相当的震撼力。1933年，梅奥撰写《工业文明的人性问题》一书，并提出了与古典管理大相径庭的理论：不能忽视员工的心理尤其是快乐状况，不能简单地把他们看成是理性和逻辑化的“经济人”，而应将其看做“社会人”。

“霍桑实验”提醒我们，高明的雇主方能造就快乐的雇员，快乐的雇员才能造就企业的未来。

根据最佳雇主调查显示，心情愉快的人学习更快，交流更顺畅，并能组成更有效的团队。公司也明确了我们管理的根本任务是让员工快乐、提升士气。

为什么快乐、喜悦如此重要呢？

调查显示，在1996年至2004年年间，员工心情不愉快的企业的年销售额仅增长了0.1%。员工心情愉快的企业的销售额在同期则增长了15.1%。

管理专家梅斯特研究发现，企业若能将员工满意度提高20%，便可将其财务绩效提升42%。

诸多研究显示，令员工保持愉快的心情会给企业带来以下益处：提高生产率、提升质量、降低缺勤率、减少紧张及疲劳感、吸引最好的员工、降低员工跳槽率等。

知道李开复为什么要从微软跳到Google吗？

听听李开复自己是怎么说的："很多人说是Google花了钱让猎头公司来找我，其实没有这回事，是我自己找Google的。因为我想回中国，而且我听说很多朋友到了Google都非常快乐。"

在Google上班确实很快乐，除了每天享受不尽的午餐、零食和可以带着有权拥有企业E-mail的宠物上班外，你还可以在公司洗熨衣服、换油洗车、游泳、接受按摩、预订晚餐、用吸乳器喂孩子，如果你想购买混合动力汽车，公司将给予5000美元的补贴……在Google工作是如此舒适，以致很多员工不愿意离开办公室。

思科公司也提出"工作着是快乐的"的口号，其员工随身携带的小卡片"企业文化"一栏写着Fun"。正如思科系统中国公司总裁杜家滨所说，"我们要使每一个员工在工作中找到自己的快乐。难道不是快乐的人更聪明吗？"

工作热情高，工作效率自然也高，不难想象，一个士气低落、人心涣散的企业，怎么能够在竞争中保持基业长青？这就提醒中国企业的管理者：努力让你的雇员"工作并快乐着"！

领导的工作责任就是让下属快乐

对于领导者来说，下属就是第一位顾客。让每一个下属振奋精神、快乐工作，是现代领导理论对领导者的要求，是组织的发展对现代领导者的要求，也是现代领导的责任之一。因此，如何使下属快乐工作，越来越成为现代领导者高度关注的问题。不懂得创造快乐工作环境的领导者，不仅越来越不受欢迎，其领导绩效也不会太高，而且也不能持续。

在现实的管理中，由于每个人的人生观和价值观、每个人的自身素质和行为方式并不一样，所以领导者必须在承认差异的前提下有的放矢地对下属进行引导，并努力营造快乐工作的文化环境。

1.弘扬崇高的价值观，提升下属的使命感

要让下属知道，每一个人的创造都是有价值的，每一个人都不要看低自己劳动的价值。有意义的工作、有意义的生活，会让人们得到精神上高层次的满足，有满足感才会快乐。可以满足精神需求和物质需求的工作自然会让人感到快乐。当然，这是一种高层次的快乐，不容易实现，但值得追求。

2.保持目标的高度一致，让下属与组织融为一体

领导者要善于将组织的目标与下属的愿望融合在一起。要努力引导下属去理解和认识组织的目标与个人目标的关系，让他们感觉到，实现这个目标具有特别重要的价值，实现组织的目标自己也可以从中得到实际的利益。只有当一个真正明白为谁而做、为什么这样做的下属，才能发挥自己的内在潜力，把组织的使命当做自己的事业来干，在实施组织目标时，才会积极主动，心情愉快。

3.强化被重视的感觉，让下属看到自己的价值

人人皆有自尊心，每个人都有被尊重的需要。下属在工作中的积极性许多时候受到领导者对他们的态度的影响。作为领导者，要善于观察下属的性格特点、工作能力和工作状况，根据其特点分配工作。对下属的工作成绩要公开地、及时地给予赞扬和鼓励，让下属认识到自己工作的价值，从而更有信心和干劲。要关心下属的生活状态，比如住房条件、家庭状况、生活水平等。生活问题处理不好，也会影响到下属的工作积极性。

4.营造宽松的人际环境，让下属敞开心扉

关系融洽、职责清晰、紧张有序的工作环境十分重要，它可以使下属在工作中精神愉快，努力向上，提高工作效率。领导者与下属的关系应该是平等、相互尊重、互相爱护的，下属之间的关系应该是公平竞争、精诚合作、相互支持的，整个组织应该是目标一致、团结协作、相辅相成、共同发展的。下属在组织中能够感觉到宽松的人际氛围，才能愉快地工作。

5.制定合理的用人制度，给下属光明的未来

一个人的成长离不开所在的环境。作为组织中的领导者，有责任让每一位下属看到自己在组织里可能的发展前景，更有责任为组织成员创造一个公平合理、催人向上的发展环境，从而激励组织的每个成员将自己的发展和组织的发展融合起来，为组织也为自己的目标而努力奋斗。

6.为工作添加些乐趣，给下属一些新鲜感

现实中许多工作往往是重复的、单调的、繁琐的，甚至是枯燥的，容易让人产生疲劳和厌倦。所以，要不断在下属的常规性工作中注入新的内容，以此给他们增添新鲜感。比如，对于如何工作，领导者可只给出一些建议，而不强令下属用一个模式套用领导者个人的工作方式。应由下属自己选择怎样做，鼓励他们创造性地工作，使他们在平凡的工作岗位上也有显露才华的机会，从而增加下属的自信心和对本职工作的兴趣。要努力让下属感觉到：每天的工作都是新的。

7.设立合理的薪酬制度，让下属得到应有的回报

要让下属快乐工作，应该有合理的、有效的激励措施，使下属的付出得到应有的回报。组织除了给下属提供发展的前途，给下属应有的尊重以及其他的精神激励外，合理的薪酬制度也是一种激励机制。支付的薪酬福利应与下属的付出相适应，与他们的努力和贡献相一致。薪酬不能合理地回馈下属的努力和付出，就会造成下属的不满，无法使之快乐、高效地投入工作。

8.进行适当的心理按摩,让下属有健康的心理

世界上最广阔的是海洋,比海洋更广阔的是天空,比天空更广阔的是人的心灵。对于领导者来说,下属的心理状态是最需要关注也最不容易把握的。领导者要善于借助心理学、管理学、哲学、伦理学等学科的研究成果,适时地科学地对下属的心理状态进行调节。比如,可以请心理学家和心理咨询师来本单位开讲座、搞咨询,以及时排解下属的负面情绪,缓解下属的心理压力,调动下属积极的心理状态,让下属保持愉快的工作心境。

当然,让下属快乐工作并不是不要压力、不要竞争。没有压力就没有动力,但压力应该适当,压力过大就会成为下属工作的阻力。领导者应努力营造一种快乐的工作氛围,让下属快乐地工作,这样,组织才会充满生机、蓬勃发展。

学会赞赏员工

每一位管理者都要牢记这样一个道理:任何一位优秀的、聪明的、能干的人都需要别人对他们每天所做的工作进行表扬和肯定。作为管理者要经常离开自己的办公室到员工的工作场所坐一会儿或站一会儿,看看他们正在做什么,遇到了什么问题,是否需要帮助,并尽可能地帮助他们。更为重要的是管理者要坦诚地告诉员工:他们正在做的事情对管理者自己、对公司以及客户都是非常重要的。

有关行为心理学专家在进行工作动机研究时,发现了可以对员工产生激励作用的几种方法,其中员工们反映最有效的五种激励方法是:私下里向员工表示真诚的道谢;书面感谢信;根据员工的业绩进行的提拔;在公开场合对员工进行的表扬;鼓舞士气的会议。

专家们也公布了能达到激励效果的概率:其中私下的道谢58%;

书面感谢信75%；根据业绩进行的提拔78%；公开的表扬80%；鼓舞士气的会议90%。

从统计数据来看，影响最大的激励方法在实际操作过程中产生的激励效果往往最差，即使这些激励方法比较容易操作而且不费什么成本。

盖洛普咨询公司曾经对全美国范围内的工人进行了广泛调查，发现被调查的工人中竟然有69%的员工认为非货币形式的褒奖是最好的激励方式。这项调查证明了只有忠诚、敬业的员工才会更容易地创造出较高的企业效益，这些效益可以通过销售量、生产率、员工保留率和最低利润额等指标来衡量。调查的结论是：给员工本应得到的奖励，而并非一定是金钱。另一家管理咨询公司曾经对经理主管人员调查发现，在高职的经理主管人员中有25%的人是因为得不到原公司的足够重视而离开的。

那些优秀的管理者心里总是想着要重视和表扬自己的员工，而那些非常杰出的管理者每天都会把重视和表扬员工作为一项十分重要的工作来做。有关企业管理学者总结了一些成功管理者的实践经验，这些方法让重视员工成为经理人日常管理工作的一个重要组成部分：

1.为自己制定一个表扬员工的工作计划表。把每周向自己汇报工作的员工列成一个表扬名单，依次会见他们；对已经表扬过的员工，在其名字上作出标记。

2.充分利用电话的语音留言。用手机发送信息表扬员工，称赞他某一项工作做得十分出色。表扬员工很容易做到，在下班回家的路上就可以完成，只要你肯坚持，就会有效果。

3.每天下班之前，花几分钟时间写一些表示感谢的便笺对当天表现突出的员工提出适当的表扬和赞许，肯定他做的工作和付出的努力。这样做，有助于你成为一个充满感激之情的人，同时也有助于你在员工中树立一个良好形象，使得员工对企业感到满意，感到工作的快乐。

4.在开始工作之前，往口袋里放几枚硬币。每表扬一个员工，就从口袋里拿出一个硬币放进另一个口袋里。

5.把“感激”二字写在办公桌的台历上,当做提醒自己要感谢别人的永久信号。经常感激自己的员工,会使你发现,员工为你和企业付出了很多,这并不是金钱所能够换来的。

与下属一起分享成功

当你领导的团队获得某项成功,作为领导的你,应当与自己的下属分享这份功劳,同时分享成功带来的幸福和喜悦,而不应该独占功劳。若是领导独自占有功劳,那么他的下属以后再也不会为他卖力了。因为,喜欢独占功劳的人,往往会忽视下属的利益,让他的下属一无所获。这样的领导,他的行为可能会激起民愤。在私下里也常能听到员工大骂领导:“功劳是他的,荣誉也是他的,而我们什么也没有得到。”

这种情况很普遍,现代企业中一些领导把下属的工作成果占为己有,又不能适当奖励他们,让下属觉得领导偷取了他们的工作成绩。其实人人做事都希望被人肯定,即使工作未必成功,但终究是卖了力,也不希望被人忽视,不希望自己的果实被别人占取。一个人的工作得不到肯定,是在打击他的自信心,所以作为管理者,切勿忽视下属参与的价值。

在某大公司的年终晚会中,经理刻意表扬了两组营业成绩较佳的团队,并邀请他们的领导上台。第一位领导,好像早有准备似的,一上台便滔滔不绝地畅谈他的经营方法和管理哲学,不断向台下展示自己在年内为公司所作出的贡献,令台下的经理及他自己的下属,听了非常不爽。

而第二位领导,一上台便多谢自己的下属,并庆幸自己有一班如此拼搏的下属,最后还一一邀请他们上台接受大家的掌声。当时台上、台下的反应如何不言而喻。

同样的管理不同的领导表现却有如此大的差别,像第一位领导那种独占功劳的人,不但令下属不满,经理也不会喜欢。而第二位领导能与下属分享成果,令下属感到受尊重,日后有机会自会拼搏。经理也会尊敬、敬重这种人。其实功劳归谁,老板最清楚,不是你喜不喜欢与他人分享的问题。

其实,领导应该经常地轻松地提供令下属满意的回馈,如一句简短的鼓励或赞美的话。然而在许多例子中,有些领导者根本不愿意提供给下属任何工作表现良好的回报。当领导不能给予下属适当的回馈时,下属便无从设计未来,他们会扪心自问:自己的贡献受到肯定了吗?他们应该继续为这位领导者贡献心力吗?他们是否需要改善工作态度或能力,怎样才能有所改善,等等。

正如某公司的职工所说:“我不觉得受到了重视。我的领导从不会对我斥责,也不批评,即使在工作中作了很大的贡献,他也从来不会赞美,只把功劳占为己有。有时我怀疑他是否在乎我的感觉。我不能确定工作做得好坏有何影响,只能混天度日,拿死工资,这严重影响我的工作情绪。”

因此,让下属一同分享成功的喜悦,把他们的利益与组织的成败直接联系起来,让他们对组织产生一种归宿感。只有这样才能令这个组织更好地运转下去,这也是领导下属的绝妙手段之一,牢牢地抓住下属们的心。

为员工解除烦恼

有些部门人员整体工作情绪低落, 好像堵塞了通气管的火炉,不能发出熊熊的火焰。究其原因,多半要怪领导。诸如缺乏领导能力,没有注意防范工作的障碍,与部下之间缺乏依赖感,工作上的纠纷,领导未能善加处理等。

这种极端的“全员情绪低落”的例子并不多。一般是大部分人在努力工作,只有一小部分人患着情绪低落症。只要稍加注意,就不难发现这少数人不能振作的原因。这些人,在初进公司的时候同样充满工作热情。一定是在进入公司后的这段时间内,工作上遭到“浇冷水”或遭到打击之后,使当初的一片热情逐渐消散。当然,每一个人意志消沉的原因不尽相同。有些人是因为从事超负荷的工作,经常失败,于是对工作缺乏信心,积极不起来了;有些人则是碰到了专横独断的上司,只视他为工具,使他从没有尝到达到自己创意工作的满足感;有些人在同事之间缺乏亲和的气氛,甚至相处得极不愉快,每天上班,一见面就感到厌烦;还有私人生活上的一些问题,等等。

总之,部下不能振作精神全力工作,都有一定的原因。有些管理者根本不了解员工的心理状态,当看到一个员工精神不振,内心极力挣扎,对工作缺乏信心的时候,他却说:“你得更积极,努力求上进啊!”他不了解部下正有因纠缠不清的私人问题而苦恼,却胡乱搬出一大套不关痛痒的鼓励话。这能有什么效果呢?这种对员工的苦恼毫无所感的管理者,自认为了解员工的一切。其实,每天在复杂的压力下喘息的现代人,精神生活也是非常复杂的。就算是天天见面,也不能说把每个人的心理变化把握得很准。作为管理者,不能依自己的主观随便对人作出判断。

因此,成功的管理者,除了在工作上要多与部下接触外,还要在生活上多与之接近,从多方面来了解部下,耐心探寻部下生活中的问题。要把自己放在与部下同等的地位,作为一位朋友去求得了解。一旦见到部下情绪低落,应抱着同情的心理,和他作个别谈心,为他的工作解除困难,为他个人的生活指点迷津。

对于那些因为一两次失败就灰心丧气的员工,管理者要善于激励他们从失败中奋起,而不是被失败所击倒。要让他们知道,“胜败乃兵家常事”,只要从失败中吸取教训,从失败中站起来,相信一定会成功。

灰心的员工并非没有能力,而是因为心灰意冷没有斗志,改变他的办法就是给他打气,设法唤起他的斗志和对工作的满腔热情。工作场合中若有存有放弃心理的部属,不单他本人在工作中毫无干劲,还会影响其他人员的士气。

管理者对于“放弃型”的员工切莫轻言放弃,否则对方便会就此一蹶不振。应该继续给他机会,帮助他从挫折中再度站起来。

对于“放弃型”的部属,与其采取高压态度来推动他前进,不如试图让他身处紧要关头,意识到自己非奋发图强不可。必须设法使“放弃型”部属一步一步地恢复信心,让他明白自己仍然深具前途。

曾经有一项对各行业人员所进行的采用不记名方式的访问调查,结果发现部分人员如此表示:

“现在,我正在为自己做打算。有时想想,这实在是最糟的时候。到底要不要离开公司呢?一旦辞了职,又无处可去。我真怀疑人生还有什么值得努力的事!”

上述这段话并非厌倦人生者的告白,而是人生方才开始的二十来岁年轻人所亲口表露的心态,委实令人感到惊讶。更糟的是,这种类型的人并非仅是一两个特例,在各种行业中均不乏其人。

对于抱持这种心态的人,管理者千万不可贸然委以重任,而应指派其去做辅助性质的工作,在确定他已经建立起些许的自信后,再指派他担任有轻度责任的事务。总之,一方面尽量设法使其恢复自信,另一方面则应避免对他表示具有批评性的言词。一旦灰心的部属恢复了自信,其能力一定会让管理者大吃一惊。

而对那些因超负荷工作而失去信心的人,要为他重新调配工作,使他们能够愉快胜任,得以培养他的自信。如果是在个人生活方面遇到了问题,就要想尽办法解决他的烦恼。总之,要针对不同的原因,以不同的方法使他重新燃起工作的热情。这是管理者统御员工的一项重要职责。

抚慰员工的精神创伤

员工总有个人的私事，在他们的空间里，有着各种各样的情绪与感情，而悲伤是最影响员工工作的一个因素。悲伤使人萎靡不振，效率低下，甚至思维混乱、失去理智。在相当长的时间里，员工可能会失去前进的动力和创造性。

美国南卡罗来纳州精密变压器公司的人事福利部经理妮丽道出了她的不幸。

"我父亲死于主动脉瘤，当时我在一家纺织公司担任质量控制审计员。上班之后，上司走过来对我说，'对你父亲的去世，我感到难过。'然后再无其他表示。即使人们看到我，也都默不作声。真是太缺少人情味了。他们希望我一上班就把个人情感抛在脑后。

"即使人力资源部门也是冷眼相待。当我想在星期五请一天假，去给父亲立墓碑时，和我谈话的那位女士说：'希望你找人处理这种麻烦事。'当时，我母亲没有工作，在未收到保险赔款前，我必须撑起这个家，光这件事就够我难受。

"于是我决定辞职，上司却问我是否知道自己在做什么。我告诉他，事情太难应付，又没人帮忙。我说我已承受不了。他感到很意外，无法理解我的感受。"

妮丽的遭遇绝非特例。多数公司都不能有效地对此加以解决。它们之所以会失去妮丽这样的宝贵员工，原因即在此。其实，管理者不应将员工的悲伤视为扰乱工作的消极因素，而应将其看作一个人们重新调整自我来摆脱不幸、重建健康关系的自然过程。

作为管理者，你有能力创造一种工作环境，使你能清楚辨认出人们悲伤时所经历的几个阶段：震惊和抗拒、愤怒、愧疚、沮丧、接受和恢复。这个过程可能会持续数周、数月甚至数年，直到哀伤者接受现实并振作起来。

整个恢复过程取决于生者与死者的关系。比方说，最令人难以接受的不幸是自己孩子的早逝。毕竟，我们不想自己的下一代先离我们而去。“失去孩子，就失去将来；失去伴侣，就失去现在；失去父母，则失去过去。”

爱心友情协会(TCF)前执行董事苏珊说，TCF是美国一家非赢利性组织，专为失去亲人的家庭提供帮助。她强调，对于失去挚爱者，管理者及其同事应伸出援助之手。

TCF的临时运作总监戴安娜补充说：“人们十分害怕这种情感或个人关系，有时会尽量避开你给予他们的同情和安慰。但是，坦率地讲，尤其是为人父母者，听到有人提起自己的爱子，他们会心存感激。”

管理者学会了解悲伤周期各阶段的迹象，就能帮助失去亲人的员工渡过痛苦的难关。在最初的震惊和抗拒阶段，失去亲人的员工可能会处于一种麻木状态，不愿相信眼前的事实。他们可能会一头扎进工作以逃避痛苦。

在愤怒阶段，他们可能会责怪死者弃他们而去，可能会冲着无能力的医生发火，责怪他们没能留住其亲人的生命。同事的无心之语也会招来他们的阵阵粗暴，他们埋怨同事要求他们举止如常或无视其痛苦。另外，他们常常为没来得及为亡故的亲友做某些事或说某些话内心愧疚不已。

他们被似乎无尽的悲伤压垮后，也会变得沮丧。特别是逢节假日、生日、亲人的周年忌日时，他们的日子格外难过。融融的家庭团聚中，再也见不到挚爱者的身影，触景生悲，更是痛上加痛。有些员工会选择这种日子请假，以悼念亡魂。作为管理者，对此应灵活处理，而且要留心员工有无生病、是否落落寡欢及其外表有何变化，如最近是消瘦还是变胖。

亚利桑那州渥太华大学的助理教授兼劳资关系项目主任鲍勃说

道，工作环境中所缺少的一个环节是，找出伤心员工与生产率之间的关系，找出如何把员工的生产率提高到最高水平并使其恢复到原来的正常生活。多数公司的态度是：员工失去亲人是件麻烦事；公司对员工表示同情已是仁至义尽；员工最好尽快振作起来。他解释道，管理者应帮助员工及其家人寻找公司外部的资源，以此让员工重获平衡并恢复其工作效率。他们能够找到为员工提供帮助的团体。同时人力资源部门要教育员工，人们失去亲人后很长时间都会感到悲伤。

因此，管理者要改变他们对死亡和悲伤的看法，要明白悲伤是一种因爱而感受到与逝者不可分离的深挚情感。这就为我们阐释人生的意义、价值观和工作目标提供了更为坚实的基础。人力资源部门要重新审视公司和社区的资源，才能更明智地管理工作中员工的悲伤情绪，从而使人的生命在这个过程中不断升华，而不会因此毁掉一生。

给予员工以时间和自由，让员工以自己的方式和速度治愈他们的精神创伤，使他们从失去挚爱的痛苦中振作起来。总之，失去挚爱固然沉痛，但只要管理者富有同情之心，对员工的痛苦表现出应有的关心、灵活性和尊重，就会使员工受益匪浅。一旦他们从悲伤中解脱出来，把个人生活与工作生活融为一体，就会对公司更加忠诚。

帮助员工从挫折中崛起

挫折感，是大多数员工在工作中经常会碰到的心理问题。引发个体产生挫折感的原因是多种多样的，既有客观的源于自然、社会等方面的因素，如：大自然的灾害、在组织内得不到上级的理解、信任使得个人才能无法发挥等；也有个人主观的生理、心理等方面的因素，如：外貌和体力不佳，过高的抱负、不合理且不符实际的需求等，都会在某种程度上对个体目标的实现造成困扰，从而诱发挫折，产生消极情绪和不当行为反应。

当员工遭遇挫折后，若能采取积极的心理自我防卫形式，加倍努力，再作尝试，通常会有利于工作的开展，至少不会引起明显的副作用。但是，若员工遭遇挫折后，采取消极的心理防卫形式，则具有巨大的危害。对员工来说，挫折感会损害身心健康，妨碍其正常的工作、生活，生活质量下降，对工作不满情绪增加，甚至发展到最后离开企业组织；对企业来说，受挫折的员工所表现出的种种妥协甚至是消极的心态及行为也将影响到企业的和谐、稳定、发展，导致企业的缺勤率、离职率和事故率增加，工作效率下降。

那么管理者该如何帮助员工走出情绪低谷，重整雄风呢？

管理者首先应该对正处于挫折中的员工持以宽容、信任的态度。当员工遭受挫折时，大多会丧失斗志，心灰意冷。因此，管理者应对员工持以宽容的态度，而不能漠不关心，更不能嘲笑、讽刺，应主动关心员工，帮助员工分析挫折的原因并吸取经验教训。管理者可以引导员工将挫折归因于内部的不稳定因素，如努力不够等，而不宜归于内在的稳定因素，如能力等；同时，应尽量淡化外部因素，以免引起员工的不满情绪。而且，管理者还应充分信任处于挫折中的员工，促使他们重塑信心，为企业发展作出贡献。事实也证明，一个人在遭受挫折后，对来自他人特别是上级的关心、信任，感受最深，同时也能够真正地发挥激励的效用。

其次，管理者可以通过与受挫员工进行个别交谈，认真倾听员工的想法，分析其挫折产生的原因，为其提供战胜挫折的方法和建议，帮助员工找到自己的优势，提高挫折承受力，使受挫者的不良情绪及时得以排除，以达到心理平衡。当然，还应考虑咨询者的人选，只有员工信任、可靠的人员，才能真正、有效地对受挫员工提供指导和帮助。此外，像国外有不少公司还设立了“情绪发泄室”，某些企业还成立了员工心理服务机构，如美国的“员工帮助系统”，在国内，惠普公司为帮助员工塑造一个良好的心境，也与北京同仁医院临床心理研究成功地进行了合作，这些做法都将便于企业管理者协助员工排遣内心的怨恨情绪和挫折感。

同时，管理者应以鼓励的方式积极地引导，促使员工重新审视自己的职业目标与职业规划，使其理性地认识挫折以及学会有效地应对挫折的方式。帮助员工正确地认识挫折，引导员工采取积极的、健康的心态和行动来应对挫折，以消除挫折感并获得成功。积极地诱导受挫员工保持自信心，改变妥协的、消极的态度，尽快摆脱挫折的不良影响。如果有必要，管理者还可以帮助员工改变受挫的环境，使员工感变到企业组织的关心、同情和温暖，从而协助员工消除挫折感。

当然，从根本上来说，员工的动机受阻，需要不能获得满足，才是导致挫折产生的原因。因此，通过心理疏导，对于员工不合时宜的、在当前的条件下无法满足的需求进行引导，使员工自觉地调整不适当的目标，从而避免挫折的产生。另外，还要引导员工正确认识自己的能力、所长及不足，分析实现目标的客观条件，使之自觉地调整行为目标，确定适度的抱负水平，以防挫折的发生。

"失之东隅，收之桑榆"。总之，在挫折面前，除了个人需要用理智来克服不理智情绪外，作为企业管理者，从稳定大局出发，有责任帮助员工越过"挫折"的沟坎。各级管理者要多关注职工的思想变化，采取各种方式与之进行思想沟通和情感交流。要耐心倾听员工的诉怨和意见，对合理的要求能够解决的尽量给予满足。要用深刻的道理给职工以精神上鼓励，启发其提高信心，增强勇气，发展自我的才华。

让员工心里充满阳光

当前，企业员工来自各方面的压力越来越多，如工作的压力，家庭的负担，进步的烦恼等，尤其是一些行业自身具有高危险性、高技术性和高服务性，更是加剧了员工的心理紧张、焦虑和疲惫。员工是企业改革发展壮大最宝贵的资源，其思想稳定状况和精神状态直接关系工作成效与企业发展的好坏和快慢。关爱员工，为员工提供必要的心理服务，为其营造舒心的工作环境与和谐的人文环境，让员工心里时刻充满阳光，对调节员工的身心起着至关重要的作用。

在网上曾看到一篇题为《心理疏导走进铁路职工》的博文，讲的就是西安铁路局为了缓解职工的工作压力，让员工内心充满阳光，从而健康愉快地生活和工作，进行了一场题为“铁路职工心理健康及压力疏导策略”的心理健康教育课。400名来自铁路生产一线的干部职工整齐地坐在局机关调度楼一楼会议室，认真聆听陕西师范大学心理学院博士生导师陈青萍教授的心理辅导。这一活动让广大职工体会到了管理层的关爱与帮助，在职工们的内心掀起了阵阵暖意，感觉到了企业的未来与希望，

西安铁路局有主要行车工种职工27744名，担负着陇海、宝成、襄渝、西康等16条铁道线的运输生产任务。聆听者分别来自生产一线的机车乘务员、安全监察员和调度员，掌握着铁路安全生产的“命脉”，工作标准高、要求严、压力大。

这次心理辅导课由西安局团委和职教处发起，针对青工性格特点和职工教育的盲点进行有目的的施教。随后，西安局还将分地区集中开展心理教育课程，让更多的一线职工感受“心灵盛宴”。

听完陈教授的讲座，西安铁路局调度所职教主任车可深有感触地说：“讲座符合调度员需求，作为一名职教工作者，以后我会更加关注心理健康问题，使调度员健康地生活、快乐地工作。”

让员工心里充满阳光，快乐地工作，重在加强心理疏导。从员工加入企业之日起，企业就应为他们建立心理档案，根据其性格特点、爱好特长、家庭环境等情况进行分类建档，掌握员工的心理状态。平时可以通过个别交谈、心理问卷调查、召开座谈会等形式，及时了解员工不同时期、不同任务中的心理状态，哪些员工有心理缺陷或心理障碍要做

到心中有数，并及时进行治疗与疏导。

同时，还要把对员工的心理训练摆在重要位置，在教育培训、拓展训练中增加心理训练的内容，以便有效消除员工在生产检修和日常服务工作中的紧张、恐惧、焦虑、犹豫等不良心理，培养他们果敢、坚定、自信、冷静等良好心理品质。而不断总结心理训练的方法和手段，利用完成重大任务等时机锻炼员工，则有利于提高他们在危险、紧张、艰苦、复杂条件下的心理抗打击能力、心理适应能力和应对能力。

要进一步学习和借鉴国内外其他先进企业的先进管理经验，健全和完善公正、公平、透明、民主的管理机制，减少和杜绝在干部提拔任用、劳动合同的签订和履行、奖金分配、职称评定、评选先进等工作中的不正常现象发生，最大限度减少因“关系链”等人为因素给员工带来的心理失衡。

张弛有度方能愉悦身心。要科学筹划安排工作，坚持从企业发展需要和基层实际出发，少设高指标，不做无用功，不打疲劳战，科学整合工作力量，注重提高工作效率，积极营造快乐工作的和谐氛围。要经常组织员工开展丰富多彩的文娱体育活动，娱乐员工身心，强健员工体魄，增强员工间的感情和团队合作意识。真心实意、设身处地、力所能及地为员工办实事解忧难，消除员工后顾之忧，通过激发内在工作热情，使其工作愉快、身心健康、生活充实、人生幸福。

秘诀五

解决“窝里斗”问题

现代社会是合作的社会，个人英雄主义的时代已然过去。一个企业，只有所有员工“心往一处想，劲往一处使”，才能形成巨大的合力，这个企业才能持续稳步向前发展。人其实是希望交往合作的，人人都需要他人的帮助，渴望有一个团结和睦的生活和工作环境，只有这样才能全力以赴地专心于自己的工作和事业。

有“窝”就有“斗”

伟大的柏杨先生，流下的不朽作品很多，可最为我们熟知的莫过于那本曾被认定为禁书的《丑陋的中国人》。在这本书里，他就以“恨其不幸，怒其不争”的口吻痛批了“窝里斗”。

柏杨先生说：“窝里斗”是中国人最实在的、也是最可怖的祖传毛病。……这现象就是洋大人对中华民族的评价：一盘散沙。中国人一听有人说我们是一盘散沙，就勃然大怒，可是勃然大怒后的结果，仍是一盘散沙。”

柏杨所说固然有失偏颇，但在日常生活中，那种“当面说好话，背地使绊子”、“当面叫哥哥，背后摸家伙”、“当面握手，背后踢脚”、“当面是人，背后是鬼”的“窝里斗”现象实在是太多了，可以说是有“窝”就有“斗”。真的是“东风吹，战鼓擂，‘斗’起来我怕谁！”

所谓“窝”，在中国人的文化里，是一个相对概念，相应地关于“窝里斗”的说法有：

——家里家外，家里是窝，有“父子如仇雠，兄弟阋于墙”之说；

——乡里乡外，乡里是窝，有“老乡见老乡，背后开一枪”之说；

——国内国外，国内是窝，有“一个中国人是条龙，两个中国人是头猪，三个中国人是条虫”的说法。

如此看来，“窝里斗”现象在国人的生活中普遍存在。

有一则故事，是说某皇帝问一个一百多岁七世同堂的老翁，有什么治家秘诀，那老头写了一百多个“忍”字给皇帝。

这一百多个“忍”字中，包含了多少“窝里斗”啊。

虽然，“窝里斗”并非中国人的专利，“窝里斗”是人性中的一个自然属性。世界上哪个国家哪个民族内部没有矛盾,没有过你死我活?但是,随着各个国家人民的不同经历和不同环境的变化,这种人性在发展上有所抑制或者膨胀。

为什么会有“窝里斗”?最大的原因就是人与人之间的互相扯皮与怀疑。

我们先说一说扯皮。

从心理学的角度讲,人人都有自卑心理,拿大师南怀谨的话说就是“即使是英雄人物也有自卑的时候”。但没有人会承认或让别人看出自己的自卑,所以,在实际中,这种自卑往往是以自大的形式表现出来。

在我们的组织内,这种所谓的自大就表现为“人人相轻”。诸如,干部轻视职员,职员轻视工人,硕士轻视本科,本科轻视大专,大专轻视中专,名校轻视非名校。还有更搞笑的,学理科的轻视学文科的,学文科的轻视学理科的,市场部的轻视技术部的,技术部的轻视市场部的。

如此一来,一旦有什么事情需要联合(本来就应该联合)处理,有什么事件发生差错, 就会出现扯皮的现象。“公说公有理, 婆说婆有理”,“公说婆之过,婆说公的错”。A说是B的问题,B说C的问题,C说是F的问题,F说是A的问题……

为什么会这样呢?所谓人人相轻,其实就是谁也不服谁,即使表面上嘻嘻哈哈,其实暗地里都在较着劲,都在“斗”着呢。每个人都想SHOW一把,独领风骚,自然就不能相互合作。加之私心重、视野窄、眼光短,所以在许多企业里面非常缺乏团队合作精神。

如何从体制上、思想上、工作上解决扯皮,恐怕是企业内部必须解决的一道难题。

清人有“剃头诗”道:“都说头可剃,人人要剃头。有头皆可剃,不剃不成头。剃也由他剃,头还是我头。君看剃头者,人亦剃其头。”套用一下:“都说皮可扯,人人会扯皮。有皮皆可扯,不扯不成皮。扯若由他扯,终日闹扯皮。误业扯皮者，人定扯其皮。”到了该对扯皮者痛下杀手的时候了。

至于如何解决，这就涉及企业的文化建设。再完善的管理规定也不可能做到100%，因此要减少“扯皮”现象还需要企业文化作保障——当没有制度规定的时候，需要的是主动性、积极性、责任心和团队精神！

再说一说怀疑。

古龙说：“这世界上有很多看来极复杂、极秘密的事，往往都是为了一个很简单的原因而造成的。”事实上正是如此：

——因为不信任，对真的需要我们帮助的人，我们抱以冷漠；

——因为不信任，对发自内心想帮助我们的人，我们坚决地给予拒绝；

——因为不信任，在一个单位或部门上班的同事之间我们会经常听到这样的话“我知道他是这样看我的……”、“他肯定在老板面前说了我的坏话……”

——因为不信任，领导跟下属谈话，结尾通常会说：“今天我跟你谈话的意思只是这件事情本身，没有别的意思。”（编者按：为什么要这么说？因为怀疑在作怪。假如你说他哪些方面需要改进，他就会联想到公司是否想炒他；假如你问他他们部门的工作量是否饱和，他会联想到公司是否想炒他；假如你问他最近有没有继续进修的打算，他会联想到公司是否想炒他。他可能根本不在意你跟他谈话的内容，而是花很长时间来琢磨为什么要炒他。）

——因为不信任，大家喜欢猜来猜去，本来只是工作上的问题，非要上升到政治的高度，所以都不说实话。比如对一个员工说“你处理这件事情有问题”，他可能会联想到你不喜欢他这个人，有意针对他。然后他会思考你为什么不喜欢他，是不是上次请客没有叫到一起？最后一定会找出一个理由来，于是误解就造成了。

……

简而言之，我们面临巨大的经济和商业变化，使得由于缺乏信任而相互怀疑变得越来越严重，也越来越难以捉摸。

道德是经济发展的灵魂。讲信用、信义、信誉，既是基本的道德规范，也是市场经济的基本条件。

信任的力量是巨大的，管理者对它必须加以重视。产生信任是企业管理者的重要特质，如果你失去了下属的信任，尽管位置显赫，尽管你的锣打得很响，鼓敲得很急，表面文章做得很秀，最终还是花拳绣腿，经不住时间真实的考验，最终会落个孤家寡人遭人唾弃的下场。一个人的品性可以决定这个人的路能走多远，事能做多大。

对于一个组织来说，信任包括三个方面：

一是信任你的员工；

二是当头头的你必须值得信任；

三是管理层互相信任。

只有如此，我们组织内“疑神疑鬼”的局面才会得到改善，“窝里斗”现象才会缓解。

鼓励团队合作

如今，很多企业管理者将“团队精神”作为口头禅，但事实并不乐观。这其中有一大部分人以为，团队精神就是大家上班穿着一样的制服，说话时言辞统一。这种观点是错误的，团队精神不是一种表面形式，而是一种精神实质。

团队精神是大局意识、协作精神和服务精神的集中体现。每个团队成员的兴趣和成就是团队精神的基础，协同合作是团队精神的核心。当团队精神发挥到最高境界时，全体成员的向心力都会大大增强，个人的利益与整体的利益相统一，保证了组织高效运转。很多错误的观点认为，形成团队精神就是要求成员牺牲自我。其实真正的团队精神恰好相反，成员们挥洒个性、表现特长，保证了成员共同完成目标任务。

管理者要鼓励员工发挥团队精神，当一个企业内部形成了团队精神时，每个团队成员的士气都会高涨。这不仅有利于激发成员工作的主动性，还能让团队成员自愿地将自己的聪明才智贡献给团队，个人的发展也更为全面。

美国西南航空公司成立时只有3架飞机，然而经过几十年的发展已经成为美国第五大航空公司了。目前，该公司已经拥有近3万名员工，总资产达40亿美元。不仅在竞争中打败了联合航空与大陆航空两大劲敌，还向Delta和USAir发起了挑战。

该公司之所以能够取得这样辉煌的成就，在激烈的市场竞争中脱颖而出，与其公司成员强烈的团队精神是分不开的。该公司连续26年将其成本维持在世界最低水准。在追求低成本的同时，追求更高品质的服务。无论是从航班的准点率还是旅客的抱怨申诉，或者是托运行李遗失率的评比来看，美国西南航空公司的服务品质都是同行业中最好的。这是因为公司的团队精神起着重大作用。一般来说，西南航空的航班从抵达机场、开放登机门上下旅客，至关上登机门再度起飞的时间，平均为15分钟。在如此短的时间内，要更换全部的机组人员；卸下近百袋邮件，再装上数量相当的邮件；同时还要为飞机加满4500磅油料。

很多人对这个速度的概念并不理解。但是，同样的过程，大陆航空和联合航空平均需要35分钟才能完成。西南航空达到这一目标与所有员工的团结协作是分不开的。不论是飞机上的空服员还是飞行员，都会跟着大家一起清理飞机，并且在登机门附近协助旅客上下飞机。联合航空、美国航空以及Delta等航空公司的飞行员，每月平均飞行70个小时，年薪差不多能够拿到20万美元。而西南航空公司的飞行员每月飞行70小时，却只拿10万美元年薪。但即便是在工作量大、薪水比同行业精英低的情况下，西南航空的飞行员还是能维持良好的服务，并且公司还吸引着世界各地的精英。

一位曾经在EDS工作过的西南航空主管说："当初我准备跳槽，EDS曾经竭力挽留我，并且还开出了比我当时薪水高2.5倍的薪金。但我还是选择了西南航空，因为在西南航空工作，我觉得很快乐。"

正是拥有了一支优秀的团队，西南航空才得以发展壮大。团队精神能够将企业的潜能发挥到极致，它对企业的作用是任何东西都替代不了的。

那么，管理者如何鼓励员工发挥团队合作精神呢？

1.选择共同目标

为自己的目标而努力工作的人，往往比为别人的工作目标而努力的人干得更持久、更努力。因此，管理者应该选择一个共同目标，这个目标必须适合每个员工的梦想。管理者还应该采取有效的监督管理措施，帮助每个员工实现这一共同目标。

2.完善管理制度

如果说选择一个共同目标是激发员工团队精神的核心，那么建立起一个完善的管理制度就是实现这个共同目标的重要保证。建设一个完善的制度包括：团队纪律；上级对下级授权；团队的激励与约束；建立公平的考核制度；健全升迁制度。

3.加强沟通与合作

大家长时间在一个环境下、同一个团队中工作，难免会发生矛盾冲突。因此，管理者必须加强团队成员之间的高效沟通，促进成员之间相互了解、相互帮助及交流合作。只有这样，才能使整个团队成员发挥自己的最大潜力，从而实现团队的整体目标。同时，有效的沟通还能促进团队成员之间实现智力资源共享，促进员工的知识创新。

让团队精神凝聚员工合作

美国著名经济学家，《追求卓越》一书的作者华特曼，在考察了美国的英特尔公司、通用电气公司、通用汽车公司、杜邦公司、波音公司等大公司后，得出一个这样的结论：贯穿所有美国杰出公司的一个共同特色，就是每一家都有一种强有力的企业团队精神。企业团队精神是大家共同遵守的价值观念，也就是所有员工都心悦诚服接受的行事准则，是一种“我们公司就是这样的”自豪的想法。

团队精神是团队成员在管理者的指挥和带领下，为共同的目标而努力奋斗的精神，是大局意识和协作精神的集中体现。当今社会，企业分工越来越细，每个人所能实现的仅仅是企业整体目标的一小部分，团队力量的发挥已成为企业赢得竞争的必要条件，因此弘扬团队精神对于企业的发展具有极其重要的意义。团队精神是一种信念、一种价值观和行为准则，它体现着企业的凝聚力和向心力，是企业的魅力、核心竞争力所在。团队精神的奥妙之处在于它能在潜移默化中激发团队成员的事业心和责任感，为团队工作注入强大的能量，从而使整个团队拧成一股劲，形成一个团结共进、众志成城、步调一致的团队，使企业在激烈的市场竞争中站稳脚跟，取得又好又快的发展。

那么，作为企业管理者，应该如何建立这种团结一致的协作精神呢？

1.一个具有良好团队精神的企业要有一个卓越的领导，统帅素质的好坏很大程度上决定了团队的战斗力的强弱。拿破仑曾经说过：“绵羊统帅的狮子军团永远无法战胜狮子统帅的绵羊军团！”出色的领导往往具有超凡的领导能力和号召力。能够在无形中调动大家的积极性与主动性,促使大家以高涨的工作热情为企业效力。不计个人得失,把企业利益放在第一位,这是团队精神的基本要素。卓越的领导一般具有超前的眼光和过人的魄力,善于倾听,敢于承担,有着较强的协调能力和果断的决策能力,易于取得员工的认可与信任,从而在团队中形成一种向心力和凝聚力,使团队优势得以发挥。

2.确立团队共同的目标。共同的目标是企业团队精神建设的导航器,是让团队每个成员知道他们应干什么,让团队每个成员同心协力完成的目标。当然,目标的制定要切实可行,一个不可能实现的目标不仅不会让员工产生工作的激情,甚至还会打击员工的积极性。中国知名企业海尔,便是张瑞敏从最基础的"十三条制度"上发展起来的,而"十三条制度"解决的都是海尔当时最现实最基础的问题,所以企业的共同目标的制定必须从实际出发,切实可行。

3.建立有效的沟通交流机制。沟通是合作的基础,不进行充分的沟通,难以使成员间达成默契、形成共识,从而导致彼此之间产生感情裂痕,使团队成员无法合作,影响企业发展,可见沟通是团队合作的润滑剂。一个好的团队要形成一个有效的沟通机制和畅通的渠道,给员工提供一个良好的信息交流平台, 使团队成员在沟通中建立相互信任、帮助的模式,让团队成员的观点在沟通中一致,进而价值观一致,最终行动一致。

21世纪是一个信息化的社会,只要有一个环节沟通不畅,就可能造成功亏一篑的结局。海尔在欧洲家电市场的成功便是最好的例证,它的成功不仅基于海尔内部良好的沟通机制,更在于其畅通的外部沟通渠道,注重与客户之间充分的交流与沟通,所以,海尔能在短时间内了解并满足客户的需求,让客户满意而归,最终成为欧洲家电市场的大赢家。

4.拥有适当的激励机制。适当的激励是防止员工的消极态度对其工作和生活产生负面影响的一剂良药。给予员工激励，管理者首先要了解员工的需求。马斯洛的需要层次论提出了五个层次，由低到高依次为生存的需要、安全的需要、归属的需要、自尊的需要和自我实现的需要，对于处于不同层次的员工要有不同的激励手段。企业要尽可能地满足员工各种合理的愿望，避免员工产生消极的工作和生活态度，遵循“人尽其才，才尽其用”的原则，对每一个人作出最合适的安排。在注重物质奖励的同时要注重精神奖励，在员工心中薪酬不仅仅是一定数目的钞票，他更代表了身份、地位、个人能力的高低、成就的大小，所以适时的给员工一定的奖励，以肯定他们的付出是十分必要的，这些都有利于激发团队成员的实干性和创造性，有利于企业的发展。

5.引入良性竞争机制。竞争能激起一个人无尽的智慧，促使团队成员最大限度地发挥出个人潜能，并与其他成员形成优势互补，使团队的实力大大增强。竞争，尤其是竞争中的“鲇鱼效应”，可以使团体焕发新的活力与创造力。但竞争与合作是不可分割的，竞争要求合作，而合作促进竞争。在一个和谐融洽的团队中，各成员互爱互勉，互利互惠，有利于竞争本身所需的信息地互相交流，知识、经验的传播和互相借鉴，正如一名人所言：你有一个思想，我有一个思想，我们互相交换，我们各自就有两个思想了。那么，通过合作，团队就拥有了更多的思想，团队的力量就会大大增强。

当然，还要防止团队内部恶性竞争，这将会导致资源浪费、员工间相互排斥等不良后果，就失去了团队的意义。

另外，还需要制定行之有效的规章制度。没有规矩不成方圆，一个强有力的企业，一个优秀、高效的团队，一定有一套完善、成功的规章制度，来约束每个成员的行为，保护每个成员的利益，使团队成员朝着团结共进，增强团队竞争力的方向发展。

总之，现代社会的市场竞争主要是人才的竞争，企业要在激烈的市场竞争中获得一席之地，就必须加强团队精神的建设，使人尽其才，才尽其用,形成强大的凝聚力,进而增强企业的核心竞争力,促使企业发展壮大,越做越强。

树立一个共同的目标

在团队建设中,有人做过一个调查,问团队成员最需要团队领导做什么,70%以上的人回答——希望团队领导指明目标或方向;而问团队领导最需要团队成员做什么,几乎80%的人回答——希望团队成员朝着目标前进。从这里可以看出,目标在团队建设中的重要性,它是团队所有人都非常关心的事情,有人说:“没有行动的远见只能是一种梦想,没有远见的行动只能是一种苦役,远见和行动才是世界的希望。”

“团队目标是一个有意识地选择并能表达出来的方向,它运用团队成员的才能和能力,促进组织的发展,使团队成员有一种成就感。”因此,团队目标表明了团队存在的理由,能够为团队运行过程中的决策提供参照物,同时能成为判断团队进步的可行标准,而且为团队成员提供一个合作和共担责任的焦点。

自1996年起,联想集团总裁柳传志经常会这样描述自己的企业,他说“联想”是一个长跑选手,或者说立志做一个长跑选手。联想集团发展的实际情况也是这样的。20世纪90年代前,在北京中关村的众多企业中联想并不起眼儿。尽管它也创业于1984年,但是比联想集团发展速度更快的企业还有五六家之多。可是,10年之后,联想脱颖而出了。长跑选手和短跑选手的差别在哪呢?除去短跑选手追求爆发力而长跑选手追求耐力之外,还有一种差别就是长跑选手可以把目标放在心里,而短跑选手则必须把目标放在眼前。

在人们的习惯意识中，经常会把团队精神作为一个文化问题。但事实上，这是一种误解。团队精神首先是一个组织问题，然后才是一个组织文化问题。什么意思呢？团队精神其实是一个组织共同的价值观问题。譬如说我们要干什么样的事情，以什么态度去干，干到什么程度，以及我们必须在推进这项事业的时候明确遵循什么准则，等等。

美国著名管理学家彼得·圣吉在其著作《第五项修炼》中提出企业“共同的愿景”，意思是说一个企业必须有一个共同的目标。这个目标能够引导大家共同去追求、去努力。这种提法是合理的。它的合理性在于明确了企业目标是企业形成团队精神的核心动力。企业是一个人群组织。于是，我们可以设想，维系一个人群组织正常而高效运动的必要条件会有哪些？所谓必要条件就是说，如果有哪一条不具备，这个组织就会出现问题甚至土崩瓦解。那么，企业这个人群组织它所需要的缺一不可的必要条件都有哪些呢？

第一是利益。完全从人性而言，人类任何一个组织的诞生首先是基于人类彼此存在共同的需求，或者说是共同的利益，任何人群组织其实就是一个利益共同体，相同的利益要求是一个组织产生的首要前提。没有这一点，任何组织都不可能产生。

于是，所有的企业都面对一个问题——如何来确定大家认同的利益关系。我们没有办法去说加入企业的每一个人具体会得到什么，因为这里面有几个问题要解决。只有当企业的加盟者都知道企业要干什么和要干到什么程度以后，大家才能判断这件事是否能够成功，自己是否能够得到好处。这是第一个要解决的问题。

第二个要解决的问题是企业总处于不停的发展状态中，它的事业方向可以是不变的，譬如IBM是做计算机产业的，它可以50年甚至100年不变地从事计算机产业，但它的事业目标也就是要“干到什么程度”这个问题却总是不断提升和变化的。组织和人一样，旧的欲望被满足，新的欲望又产生，否则大家就会失去动力。

所以,组织是一个利益共同体,企业是一个利益共同体。脱离利益,准确说是脱离共同的利益,组织将不复存在。而企业目标是利益的提示,因此它绝不是文化问题而应该是组织问题。

托尔斯泰曾经说过:"幸福的家庭是相同的。"我们不妨去研究一下今天取得成功的那些中外企业,他们都表现出很多共同的特征,其中一条就是他们都具有明确的企业目标。相反,那些没有明确目标、目标多变或目标虚幻空泛的企业往往遭受重创。这其中的道理在哪里呢?

目标对于企业来说至少有两层作用。第一层是决策前提作用。我们的企业每时每刻都在运动之中,无论成长与衰败,企业都处在运动状态中,这就需要企业经营者们不断进行决策。没有目标的企业会永远"走一步,看一步",会永远处于投机和侥幸的状态中,风险概率会大大提高。在商场普遍进入战略竞争年代的时候,一个没有目标只有赚钱欲望的企业就好比一艘无舵的航船,在随波逐流之中难免触礁。所以,企业目标是企业决策的前提。企业目标的第二层作用在于它是企业形成团队精神的核心动力。既然我们承认企业是一个组织,既然我们承认企业是一个利益共同体,既然我们承认目标是一个企业对它的全体成员的利益承诺,那么它自然也就成为鼓舞大家斗志、协调大家行为的核心力量。

所以,一个团队要想有力量就要树立一个共同的目标,不仅能增强员工实现目标的信心,激发出员工工作的积极性,充分发挥其创造力,还可创造出众人一体的感觉,并遍布到组织全面的活动中。正因目标是团队全体员工的共同所想所愿,所以能够充分体现团队全体员工的个人价值,必然会产生强大的凝聚力,激发员工奋发向上的精神斗志。

培养团队的默契

曾在杂志上看到过这样一个小故事：

一名小学生要参加毕业典礼，买了一条新裤子，拿到家一量长了2寸。在和奶奶、妈妈、嫂子同桌吃饭时说了这件事情，大家都没说什么。但到了夜里，几个人分别想起了这件事情，又分别作了这件事。奶奶给剪短了2寸、妈妈给剪短了2寸，嫂子又给剪短了2寸。结果这名学生第二天只好穿着短了4寸的裤子参加了毕业典礼。

之所以出现这样的情况，就是这一家人缺乏默契。一个家庭需要默契，一个企业，一个团队更需要默契。一个团队仅有良好的愿望和热情是不够的，就像这个家庭几个人一样，会发生紊乱的。

一个真正的有效率的团队，应该看起来就像一个人一样，身体每一部分的配合与协调都自然随意，妙到好处。要做到这一点，管理者必须学会在员工中间培养默契，找到“心有灵犀一点通”的感觉。

培养员工整体搭配的团队默契，是增进团队精神的一个表现。作为团队的管理者，固然要让每位成员都能拥有自我发挥的空间，但更重要的是，要用心培养大家，破除个人主义，整体搭配，协调一致的团队默契，同时，了解取长补短的重要性。

毕竟，只有合作才会产生巨大无比的力量。因此，经常教导灌输成员了解相互依存、依赖、支援才能完成任务的观念，是管理者的重要职责。

企业的成功离不开员工的辛勤耕耘，管理大师汤姆·彼得斯指出：“一个成功的企业一定有一支高绩效的团队，企业的成功是凝聚在团队基础上的集体行为。”在众多的篮球赛中，卓越的篮球队之所以经常赢得冠军奖杯,关键在于他们的教练是一位极为卓越的管理者,懂得让球队产生一种浓郁的"家人意识"。因此,他们的球员在千变万化的球场上,愿意在必要的情况之下牺牲个人得分的机会,在进攻当中,表现出大公无私、协调合作的精神。正是全队的这种精神,使球队获得最后的胜利。

蚂蚁是最具有团队合作精神的产物。根据研究发现,蚂蚁的种类繁多,但它们永远过着团队生活。有时候一窝蚂蚁好几万只,也有一窝数十只的,不过每一个蚁窝都差不多由一只蚁后、若干工蚁、雄蚁及兵蚁所共同组成,它们各司其职,分工合作:蚁后的任务是繁殖产卵,同时受到工蚁的服侍;工蚁负责建造、觅食、运粮、育幼等工作;雄蚁负责和蚁后交配;兵蚁的主要任务是抵抗外侮,保护家园。大家一条心,发挥各自的专长、才华,团结合作。蚂蚁群策群力,发挥团队精神的作法,是值得我们去学习的。

培养团队的整体搭配与默契是组建一个高绩效团队的关键,如果整个团队没有向上的激情和对成功的欲望,这支团队就是失败的。培养团队的整体搭配与默契是企业的团队精神发挥作用的关键。因此,管理者必须重视。

巧妙化解员工之间的冲突

不管企业内部组织结构如何完美,也不论管理者的领导才能有多么卓越,在组织中出现人际关系摩擦总是不可避免的。就好比长期生活在一个大家庭中的成员, 虽然每个人都为了这个家庭努力奋斗,无私奉献,大家包容着彼此的差异,维系家庭的和谐稳定,但是兄弟之间难免会发生摩擦口角。

员工之间发生冲突是管理者最不愿意看到的事情，因为这不仅会影响当事人的情绪，还可能会影响到周围其他员工的情绪。一旦矛盾升级扩大化，就会导致员工工作积极性降低，甚至会影响到组织的稳定发展。因此，企业管理者一定要及时、巧妙地化解员工之间的冲突，这样才能使组织健康、稳定地发展。

很多管理者面对员工之间的矛盾都不知所措，或者是采取了各种化解方法但是效果不尽如人意。如今，化解员工之间的矛盾又有了新方法——让矛盾当事人合种一棵树。发明这种方法的就是南京中基装饰工程有限公司。

中基装饰工程有限公司在南京装饰行业口碑很好。公司从创业到取得如今的成就，与总经理石栋梁的管理是分不开的，尤其是他的细心与机智在管理过程中帮了他很大的忙。

刚开始时，他对员工之间的矛盾并不怎么在意，认为这是员工之间的私事，没必要插手。有一天，他安排两名员工去查看一个公司正在进行的工程，让他们看完之后回来汇报进展情况。等到他们回来时，石栋梁发现他们是一前一后单独向自己汇报工作的，并且，汇报的情况也不一致。这时候，石栋梁才发现了事情的严重性。当时自己安排这两位员工去做这项工作，就是希望他们能互相监督，互相配合。谁知道他们竟然因为平日里的矛盾，导致在工作上也不合作。

这可真是个棘手的问题。通过平日的观察，他发现这两位员工不仅互不说话，开会也不会坐在一起，而且刻意避让。鉴于这种情景，石栋梁找到其他员工了解了一些造成两人矛盾的原因，下决心要解决两人之间的矛盾。

在思考解决矛盾的方法时，石栋梁想起自己在植树节时陪同女儿参加植树的事。那是石栋梁第一次种树，种树的时候遇到了很多困难。后来，旁边有一家人非常热情，指导他和女儿将树种好了。在种树的过程中，既有分工又有合作，这个过程给石栋梁留下了非常深刻的印象。

俗话说:“合作是最好的解药。”于是,石栋梁决定组织单位员工一起种树,并且故意将那两位员工安排在一起。刚开始两人互不说话,在种树的过程中,因为需要相互配合,两人开始有一句没一句的交谈。树种好的时候,两个人已经完全忘记了曾经发生的矛盾,非常开心地在一起谈论该给树取一个什么样的名字才好。

石栋梁认为,员工在户外的时候没有了上班工作时的压力,做任何事情都觉得十分轻松。如今,在中基装饰有限公司里,“走,我们一起去种树”成了员工之间的讲和语。大家觉得,这样说既不会难为情,还能放松双方的心情。

当员工之间出现摩擦时,作为管理者首先应该保持冷静。石栋梁就是在冷静、理智思考问题的基础上,利用种树的方法巧妙地化解了员工之间的矛盾。

员工之间发生矛盾是很常见的事。管理者没有必要对员工之间的事“明察秋毫”,只要把握大体的情况即可。管理者只要掌握了以下几点处理员工矛盾的艺术,就能很好解决这一问题。

1.不采取逃避的态度

在员工发生冲突时,作为管理者,最不应该有的就是逃避的态度。逃避不会解决任何问题,因为冲突不会自己消失。假如长时间任其自由发展,可能会引发大规模升级,到那时问题就更难解决了。管理者作为团体的决策者,有责任保持自己管辖范围内和谐的氛围,这是上司不可推卸的责任。

2.解决问题的态度要公正

管理者在解决员工之间的矛盾时,一定要秉着公正的态度,不能存有私心。比如,其中一个员工与自己比较亲近,就故意偏袒,有失公正。只有将自己摆在一个公正的位置上,才能有效化解冲突。

3.暗中解决问题

通常情况下,员工们都比较好面子,不希望将自己不光彩的一面展现在同事面前。这时候，管理者就应该顾及员工的面子问题，暗中解决矛盾，保住员工的面子。这样才能够有效解决问题，不会让员工产生抵触情绪。

4.解决问题时灵活、原则兼顾

大家一般都认为原则十分刻板。而灵活则要求管理者在化解矛盾时不要千篇一律，不能教条式地解决问题。有时候，必须按照原则处理员工问题，但是考虑到人情等各方面，管理者可能会给下属一个改过的机会，只要达到了教育的目的就行。灵活解决问题，要求管理者一定要拿捏好尺度，一旦触及底线，还是要按照原则公事公办。

打掉下属中的“小团伙”

鲁迅先生曾说过：“中国人没有‘个人的自大’，只有‘合群的自大’。”这‘合群的自大’指的就是拉帮结派，党同伐异。

也许是我们国家几千年来的陋习，总有那么些人喜欢拉靠山，找后台。而这种拉大旗做虎皮的倾向，如果只是为了稳住自己，顶多表现出自矗没有“个性”，尚不至于损害他人。如果你管理的下属一旦联群结党，排斥异己，试图通过小团伙来发展个人私利，这就会出现损人利己的行为。这样不仅会有损组织的发展，不利于客观公允地选拔人才，还会不利于企业文化的建设，更不利于对其他下属的管理。

公司内部出现这些“小团伙”原因大致有三类：

(1)闲人滋事：在公司没有太多追求，空闲时间过多，思想空虚，或者被人“遗忘”，就会发生拉帮结派。

(2)功利心要强：这一类是因为目标感强，为了目标“不择手段”，而拉帮结派。

(3)“同理心”团队:因为某些特定形成的共同点,而产生的“缘分”感和“同理心”,如同乡、同价值观、同遭遇(业绩都不好,同受批评或冷落),等等,一旦成气候,就形成帮派。

其目的无外乎是两种:一是形成自己的派系打击其他的下属,积累更大的力量为自己谋利益;二是经营自己的势力,培植自己的死党对抗领导,伺机取而代之。不论哪一种都会危害整个组织的团结,会威胁领导的权威。

对于前者主要需要多进行教育培训,让每个阶层,每个岗位的人都充实起来,并保证每个人都有照顾;第二种是我们应该赞同的一种,是为了工作目标,不过需要我们明示渠道和战略;而第三种是需要我们用这种共同点制造新的“同理心”,比如我在企业会议时、培训时、聚会时,都会采用不同的共同点进行重新组合。

某大酒店为了提高管理水平,高薪聘请了一位资深管理专家作大酒店总经理,并应这位总经理的要求任命了他推荐的三名副手。酒店的本意是给这位总经理一个宽松而有效的环境,这位总经理做得也确实不错,酒店的业绩有了提升。可是酒店股东不久就发现,这位总经理和下属的三名经理上下通气,四个人形成了一个小集团,牢牢把持了大权,对于股东和董事会的决议有时都敢阳奉阴违,酒店下属们对此议论纷纷。酒店股东为了安抚人心,果断把这四名经理都解雇了,这才把下属们的议论平息下来。

一个人在组织中总会遇到合脾气的同事或是共同利益比较大的同事,这样他们会很自然地形成圈子。一个下属犯错误,可能会受到批评,但是一旦形成小团伙,批评的力度就会小很多,这也是人情网、关系网长盛不衰的原因所在。实际上,小团伙也是一种关系网。

在这里,“小团伙”一词中的“小”不是指其人数少,而是针对它只为少数人谋私利,在组织上排斥大部分人,只注重自己群体的利益,不管全局的利益而言。有时候,“小”圈子实际上人数众多,其成员大多占据要位,活动能量很大。像上文中的小集团成员几乎全是高层领导成员。

搞小团伙,结党营私,党同伐异往往形成这样的现象:一群人为了使自己的小集团更壮大,就只选用自己的亲信,只选择“靠得住”的人,而排除“外人”。对于有德有能,而又不属于自己的同党的人一律弃之不用,甚至百般压制。小团伙用人的标准不是凭个人的才干,更不会通过“公平竞争”,而是看对方是否是“自己人”,是否能认同小团伙的信念,是否维护小团伙的利益。

领导一旦纵容小团伙的发展, 任其势力膨胀而不加干预的话,那它就会变大,或割据一方,搞独立王国;或藐视领导;或公然向最高领导挑战。这种尾大不掉之势一旦形成就很难处理了,即使发现了小团伙的存在,由于气候已成,处理时也不免投鼠忌器,难以下手。小团伙之于整个组织,就如肿瘤之于人体,一旦肿瘤恶性膨胀,就有吞噬整个机体的危险,就会形成癌症,威胁人的生命,所以领导决不能容忍小团伙的变大。

下属之间拉帮结派,经营自己的小团伙、党同伐异,对于领导的权威是一种公然的挑衅,对于组织的团结是一种严重的破坏。小团伙像恶性肿瘤一样有害,领导绝不能纵容姑息,要坚决把它拿掉。不能坐视不理,要及早发现、及早处理,这样才能杀鸡儆猴,维护制度的威严。当然,这样做是为了公司能够招揽到更多的人才,也是为了让自己的下属更加忠心于自己的领导。

把公司营造成员工温暖的家

社会文明虽在孜孜追求人性的境界,而社会竞争却使越来越多的管理者把员工看作是为自己赚钱的工具,无休止地要求其做事,很少予以关怀。美国著名的管理学家托马斯·彼得斯曾大声疾呼："你怎么能一边歧视和贬低员工，一边又期待他们去关心质量和不断提高产品品质！"无疑，这样的管理者是不合格的，这样的公司终究不会长久发展。高明的管理者会努力把公司营造成温暖的大家庭，让员工在公司里也能感受到家的温暖和关爱。

其实，在现代的组织中的每一个人，在他们的内心深处都有着强烈的成为主人的愿望与使命感。因为，人类的本性就是向往自由，渴望成为主宰自己命运的主人。社会的不断进步，终于冲破了那些桎梏人性发展的不平等制度与观念，解放了人们的思想和行动的手脚，当他们在寻求自我发展，实现自我价值的探索中进入了你的组织，成为了组织的一员的时候，作为管理者是绝不能用停留在20世纪六七十年代的方式来"驯化"、压制他们的。企业这个大团体对他们来说应该是一个自由交流思想，充满人情味的大家庭，在这样的氛围下，那个潜藏在内心深处的主人翁责任感与精神便会无止境地迸发出来。

对管理者们来说，与员工的座谈或是聚餐似乎是司空见惯的事。也许你会认为这是你所能想出的最好的感情交流的方式了，其实这还远远不够！

在一家集团化的大企业，一位经理就建议每隔几个月在各个单位搞一次"会餐"，准备一些普通的自助餐或份饭，请全体员工和家属自由参加。会餐在工厂的食堂内举行，大家无拘无束，品尝着自己喜欢的食物，畅所欲言。厂领导与员工及其家属们一起举杯，为他们所创造的业绩相互祝贺时。对那些职工家属们，那位经理更是一脸的惊喜："真令人惊叹，对有的人来说，这是他们在本公司工作以来的12年里，家属们第一次跨进公司，第一次看见他们的丈夫或妻子、独生子是在什么样的地方工作。"这些家属在享受美餐的同时，还会领到公司赠送的纪念品，以感谢他们对公司的支持。

当无数个小家庭融入了组织这个家庭后，员工们从他们小家庭成员的笑脸上，得到了身为组织一员的荣耀，同时也意识到，只有组织这个大家庭的发展，才有他们小家庭的美满幸福。这似乎比起那种所谓的“座谈会”具有的效力要强得多！

在你创建的温暖大家庭中，除了具有组织对成员的温情，还要给他们一些活动的余地和空间，让他们的奇思妙想尽可能地成为现实。

在一家中型计算机公司，一位员工将自己拟好的销售计划在下班时塞在了经理办公室的门把手上，不久，他便被邀去说明情况。经理开门见山地说：“计划写得不错，就是字迹太潦草了。”这位员工紧张的心放松下来，随即问道：“这项计划的预算开支可能较大啊，要不我再找两个同事一起商量商量，然后再向您汇报一下，看看我们如何干才好？”经理不等他说完便打断了他的话，说：“费用对我们公司来说问题是不大的，我看计划确实不错，你要是有信心干好，那就去干吧，别让时机错过了！”

员工先是大吃一惊，然后信心十足地拿起计划离开了。大约两个月以后，这位员工将销售战绩摆在了经理的桌上，又谈起了扩大营销的策略。

事后，这位经理说道：“如果当时我们看了计划后，又是去审查，又是去考证，不但会耽误战机，而且肯定让员工的心理上产生负担。要知道，牵扯这么大数目的费用，他再有胆量，也还是要犹豫的。看看现在不是干成了吗！给他们留出充分的发挥空间，对我和组织都没坏处。”

在这里，又要提到信任的问题了，在你的大家庭里，组织成员间的彼此信任是家庭气氛和睦、健康的前提。

在组织发展的过程中，遇到的最大难题其实并不在于外在的环境，而在于内部的氛围。如果每一个人在组织中都切实有自己的一方天空，都能自主地管理相关的事物，在和谐的气氛中无阻碍地交流信息，那你这个家庭就是稳定的，主人翁精神便会成为每一个成员实现自我价值的最终追求！

有一个来自日本公司的案例,他们甚至将温暖大家庭的公司组织理念,用在了年轻员工的能力开发上,并收到了非常好的成效。

日本神户制钢所,为了提高本企业研究部门新进年轻员工的开发能力,他们开始推行一种被称为“兄弟制度”的互助共学方式。所谓的“兄弟制度”就是每位新进的“家庭”成员,都必须与一位在神户制钢所工作达五年以上的资深研究成员结成对子,结拜为兄弟。在共同的“家庭”生活中,兄长负责新进员工的培养教育工作,而作为弟弟的新员工必须在谦虚求学的基础上,为“大家庭”的发展献计献策。

由于“兄弟制度”的推行,使得新老员工之间有了一种紧密联系的纽带。虽然,这是非血缘关系的,但那种朝夕相处、相互切磋的组织生活方式,在新老员工之间培养了犹如兄弟般的情谊,使得一向冷漠的研究开发部门,变成了人情味洋溢的场所。

温暖大家庭的建立是组织中每个成员共同的向往,这不仅需要管理者积极健康地引导,还需要每个员工主人翁精神的回归。

秘诀六

解决“懈怠”问题

对于任何一个企业来说，员工都是最重要的资本。没有员工的努力工作，就没有企业的兴旺发达。员工的懈怠与松散是企业发展最大的敌人。要想解决员工的懈怠问题，就必须运用好激励的艺术。对于管理者而言，充分运用激励艺术，能够最大限度发挥员工的积极性、创造性和主动性。

员工懈怠为哪般

对于任何一个企业来说,员工都是最重要的资本。没有员工的努力工作,就没有企业的兴旺发达。员工的懈怠与松散是企业发展最大的敌人。

因而一个企业不管其规模大小,要想长期生存、发展下去,就必须彻底改变员工工作上的懈怠情绪与纪律上的松散状况。

要想解决一个问题,必须要找到问题的根源。到底是什么原因造成了员工懈怠、松散的状况呢?其实问题还是出在企业本身,是企业运行机制方面存在的问题,影响甚至打击了员工的工作积极性。

F公司是一家为大众供货的公司。在创业初期,依靠一批志同道合的朋友,大家不怕苦不怕累,从早到晚拼命干。公司发展迅速,几年之后,员工由原来的十几人发展到几百人,业务收入由原来的每月十来万发展到每月上千万。企业大了,人也多了,但公司领导明显感觉到,大家的工作积极性越来越低,也越来越计较。

F公司的老总一贯注重思考和学习,为此特别到书店买了一些有关成功企业经营管理方面的书籍来研究,他在介绍松下幸之助的用人之道一文中看到这样一段话:“经营的原则自然是希望能做到‘高效率、高薪资’。效率提高了,公司才可能支付高薪资。”他想,公司发展了,确实应该考虑提高员工的待遇。为此,F公司重新制定了报酬制度,大幅度提高了员工的工资,并且对办公环境进行了重新装修。

高薪的效果立竿见影,F公司很快就聚集了一大批有才华、有能力的人。所有的员工都很满意,大家的热情高,工作十分卖力,公司的精神面貌也焕然一新。但这种好势头不到两个月,大家又慢慢回复到懒洋洋、慢吞吞的状态。这是怎么啦？F公司的高工资没有换来员工工作的高效率，公司领导陷入两难的困惑境地，既苦恼又彷徨不知所措。

F公司出现的这种情况是一个普遍现象，很多企业都经历了这样一个过程，在创业初期，每个人都可以不计报酬、不计得失、不辞辛劳、不分彼此，甚至加班加点、废寝忘食。但是，只要企业一大，大家这种艰苦奋斗、不计报酬的奉献精神没有了，不分上下班的工作干劲和热情态度也不见了，关心企业、互相帮助、团结如一人的融融人情氛围也消失了。

为什么会这样呢？

人的欲望是无止境的，当你满足他的物质需要之后，他就会需要精神方面的需求。当你无法一一满足他的需求之时，他就会消极，就会抵抗，甚至会背叛。

我们再回过头来看一看F公司员工消极怠工的原因。其中的原因有三：

1.企业大了，老板或忙于企业发展的大事，或忙于社会上各种应酬，与原来创业的老员工在一起的时间少了，感情必然疏远，心理距离必然拉大，以感情作为激励手段的作用自然就会逐渐消失。

2.在创业初期每个老板可能对公司员工，尤其是一些核心骨干有过许多承诺，但当企业真的做大之后，老板(或许忘了)并没有兑现这些诺言，因而老员工便产生失望情绪，接下来的自然是消极怠工，或是集体跳槽。

3.当企业成长到一定规模之后，必然走向制度化的管理，而制度给人的感觉总是冷冰冰的，原来的那种相依为命一起创业的融洽感觉消失殆尽，称兄道弟不行了，一切都要按级别来，按公司规定来。制度容不得感情。

因此，企业领导要想解决员工懈怠的问题，就要从员工的需求方面去满足他们，就要在企业内部建立一套科学有效的激励机制，从物质和精神层面去激励员工，调动起员工的积极性，激发起员工的工作热情。

建立一个高效的激励系统

在企业中，普通员工中普遍存在的消极行为共有七种类型：①未能达到最低的工作要求；②对别人和自己缺乏尊重；③不能界定自己的职责；④合作精神差；⑤沟通水平低；⑥行为情绪化；⑦对工作的承诺较低。

许多管理者和培训师最经常提到的一句话是“他们缺乏职业道德”。但是实际上并非如此，大多数普通员工非常渴望在工作中有所建树，并且希望其工作表现能有助于个人发展。虽然大家都表示希望通过工作来改善生活和发展事业，但受访人群却认为，就现有的工作而言，即便做得再好也是徒劳无益。

是什么原因使这些普通员工放弃自己的目标、工作表现较差甚至不达标呢？调查结果显示，原因大致有几种：①同事偷懒不出力；②上司压制；③不敢胜过同事；④员工流失率高；⑤同事间缺乏相互尊重；⑥缺乏上司的赏识；⑦缺乏自我控制。

那么，管理者怎样才能将员工内心的想法转换为工作动力呢？强化工作动机就可以诱发员工的工作热情与努力，改善工作绩效。这里要强调的是管理者所做的一切努力只是一个诱发的过程，能真正激励员工的还是他们自己。

要冲破员工们内心深处这道反锁的门，你就必须要好好地谋划一番，建立一个高效的激励系统。

1.有效性的标志

一个有效激励系统至少要符合下列原则：①简明。激励系统的规则必须简明扼要，且容易被解释、理解和把握；②具体。仅仅说“多一点”或者说“别出事故”是根本不够的，员工们需要准确地知道到底希望他们做什么；③可以实现。每一个员工都应该有一个合理的机会去赢得某些他们希望得到的东西；④可估量。可估量的目标是制定激励计划的基础，如果具体的成就不能与所花费用联系起来，计划资金就会白白浪费。

2.步骤与要旨

一个高效激励系统的建立，会为管理人员省下大量的时间。你再也用不着为员工低效率的工作而担心，也用不着费神向他们解释何谓“主人翁”，因为每个人心中都有一面明镜，成绩是铁的事实，耕耘必有收获。一个有效的激励系统的建立过程大致分为如下步骤：

①制定高的工作绩效标准。平庸的人所定的标准是很难产生卓越的成就的，低标准往往会滋生出“自我满足”的不良倾向，高标准也并不意味着高不可攀，主要是要让所有的员工明白自己目前的工作不是最优秀的，没有什么了不起；②建立起准确、可行的工作绩效评价系统。工作绩效的评价，必须着重于工作规范与工作成果的评价标准。标准的制定一定要符合实际，依据工作目标，对员工进行审核。同时这种标准一定是针对团队而非特定为某个人订立的。当工作策略有变更时，注意要重新检查、核对绩效评价标准。而且，只要有必要，就必须一一再做检查、核对；③训练对工作绩效的评价技巧以及与各级管理者上请下达的沟通艺术。绩效评价的效果是直接与员工的薪金、报酬挂钩的，这是个非常敏感的问题，所以你必须要注意这里的艺术与技巧。管理者的行为举止的最终目标在于激励，而非激怒，所以绩效评价也应该是往积极的方向努力。对于优秀的工作绩效，除了对员工进行赞美、褒奖之外，更关键的是让他明白组织对他的重视与珍惜，从而使他产生一种神圣的使命感。对于低的工作绩效，必须给予批评，但必须是善意的、建设性的，是就工作而言，而非人身攻击；④制定一个范围较

宽的提高工作绩效的指标，这会使激励系统更具有可行性。这些指标将会使所有的人立刻意识到存在的不足与改进的方向，学会自我绩效的管理；⑤将奖励与工作绩效紧密相联。管理者要使员工们深切体会到两者关系的密切。对员工绩效的评价最终都应在奖励上找到对应的坐标，哪怕奖励是微不足道的，也要“始终不渝”地进行。因为这样做，会使员工们认识到确实有什么东西值得自己去努力一番。

让员工感到自己的重要性

在日常生活中，当你满足了某个人的愿望，使他意识到他对你很重要时，他就会更加卖力，对你会加倍地友好。

有位公共汽车司机，是个脾气异常暴躁的大老粗，曾经几十次、几百次地甩下再有两秒钟就可以赶上的乘客，所以口碑极差。但是，他却又对一位跟他无亲无故的乘客特别关照，不管多晚，这位司机一定会等他上车。为什么呢？就因为这位乘客想办法使司机觉得自己很重要。那位乘客每天早上一上车都会跟司机打个招呼：“早上好，先生。”有时他会坐在司机旁边，跟他说些无关痛痒却很中听的话语，例如：你开车的责任很重呢！你开车的技术很好！你每天都在拥挤不堪的马路上开车，真有耐心！真了不起！等等。于是，就将这位司机捧得飘飘欲仙，这位司机想成为一个重要人物的愿望得到了较大的满足，对那位说他好话的乘客自然就另眼看待了。

如果你能像那位乘客一样，满足周围人成为一个重要人物的愿望，并且长期地坚持下去的话，你就会拥有一个与众不同的成功人生。

所以，作为企业的管理者，你也应该时刻让团队的每一个员工都感到自己很重要，这样才能让员工快乐地工作，从而发挥出自己的激情与潜能，进而提高工作效率。

许多聪明的管理者，懂得调动员工的积极性，他们让员工参加重要事务，并让员工参与决策拟定过程，并明确地肯定他们的工作贡献。这些管理者还提供有挑战性责任的机会，以增加员工的能力，并乐于看重他们的努力，使他们有最佳表现。

明智的管理者表现出看重员工的工作，让他们作有意义的贡献，他常要求员工提供新点子、意见、工作成绩，让员工参与决策过程，从办公室乔迁、招募新员工到顾客服务等各项工作，都征询他们的意见，让员工能够明白，他们是团队里重要的成员。

员工懂得要努力工作就要能够提出创意，对管理者所主导的决策及目标，有共同分享参与的能力，并更有可能尽心去支持及实践这些决策与目标，进而在其中寻求学习、成长及增进能力的机会。结果当然是大家都能从中受益。以下是一些令员工满意的领导的赞扬意见，这无疑可以让人们受到启发：

1.我的领导很看重我的意见。她尊重我的创意，不会只是空口说白话而已。她甚至执行了我的建议，这的确鼓励我更有创意，更勇于提出意见。

2.我的领导总是征询每个人对所有事情的看法，譬如说，我们的办公室正要准备迁移，他便非常关心我们的通勤情形，以及公司搬家对我们的影响。另外一个例子是，我们聘请了一位办公室顾问，领导要求我们每个人提出意见，并询问我们对这位顾问办事能力的看法。他总是希望知道我们的想法。当然这令我更加觉得自己是团队里重要的一员。

3.领导倾听员工心声，虽然他不一定同意我们的意见，但是如果不同意，绝对不是因为他不重视我所说的话。他征询我们的意见，而且是真心希望得到我们的看法，所以他也从我们的努力中得到回馈。我们互相修改的严格程度不相上下，他不仅乐于接受，也期待、鼓励我们这么做。这促使我愿意花时间真正试着提出可能的最好建议,因为我知道他会认真看待我的意见。

4.如果我的领导正在处理书面成果,他会把报告交给我,看看我是否有任何意见。我会提出建议或略加补充,而他也通常会把我的意见涵括进去。当然,这意味着每当他把文件交给我,我都会读得非常仔细,提出许多看法,因为我知道他很信任我。我的工作大概就是在完成最后成果。这很重要,因为我能够有更大的贡献。

好的领导会对员工说:"你得知道,这是我们的计划,不是我一个人的,我们必须合作完成。"他一开始就订出以团队模式合作的期望,让我参与各项会议,他甚至说我的信息及经验较少,对他反而是项有利条件,因为他认为我的观点对我们的合作很有贡献。

当我们一起出席会议时,我们有机会获得截然不同的信息,因为我们的地位不同,人们对我们的印象和假设也有所不同所致。比方说,在和高阶层人士谈话时,他们对我的领导可能会有所保留,但对我就没那么小心翼翼。我的主管不断地告诉我说:"我真高兴你和我一起来开会,因为我不可能听到你所听到的消息。"她一再强调我们可以彼此增长补短,有互补的好处。这使我们构成一个良好团队。

让员工对未来充满希望

1969年7月20日,美国太空船阿波罗11号成功登陆月球,创下人类历史上具有划时代意义的伟大壮举。在此之前,登陆月球只是人类的梦想而已。这次登陆月球的成功,可以说是众多科学家和有关人士呕心沥血的结晶。需要指出的是,这项举世瞩目的阿波罗计划,是从1960年美国总统肯尼迪的声明开始的。当时肯尼迪总统向世界宣告,至20

世纪60年代末，美国一定要把人类送上月球，从而确立了人类登陆月球的目标。

由于许多人的智慧和力量不断地向着这个目标集中，人类登陆月球这一目标终于伴随着阿波罗11号的升空而实现，可见确立目标是件很重要的事情。企业要发展，确立明确而有效的目标是很有必要的。

管理者所提出的明确的企业发展目标是调动员工积极性的有效手段，员工越了解公司目标，工作的热情越高涨，归属感越强，公司就越有向心力。确立目标是管理者的重要工作，也是管理者的必备素质。管理者本身不一定要具备某项事业的知识和技能，但提出目标却是管理者的工作，这项工作除了管理者本身以外，不能靠他人来完成。

追求卓越的信仰和一日千里的发展可以让员工看到企业充满希望的明天，不断提出适合企业发展的目标，让员工对未来充满梦想，是松下先生重要的经营策略。松下担任松下电器公司社长时，常找机会向员工畅谈自己对未来的设想，1955年他公布了“五年计划”，即计划用五年的时间，使公司效益从220亿日元增加至800亿日元。这种做法不但让员工看到了光明的前景，也震惊了整个企业界，同行纷纷改变政策，向松下电器公司看齐。

当然，这样做到底有多少效果，是无法确知的，况且这种做法也存在被其他公司获悉自己计划内容的反作用。

松下明知存在这些问题，还是果断地公布了它，一方面是为了让员工有坚定的目标与期待；另一方面，是由于他确信这是经营者的必备素质和应有做法。此后，他又陆续向员工提出，采用每周五天工作制，并把工资提高到西方发达国家的水平的目标，同时请大家共同努力去实现。这些做法，从经营策略上说，可能遭遇很多批评，同时在推动事业发展时，也多少有不利的一面。但松下认为，让员工彻底了解经营者的经营方针和信念，完全可以超越这种不利。五年后，松下先生在员工面前公布的“五年计划”以及实现与西方发达国家相等的薪资劳动条件的承诺，都一一实现。从此员工士气大振，与松下先生一道，筑起松下电器王国。也许有人会说，松下电器之所以能够把梦想变为现实，完全是因为松下电器公司的经营一直都很顺利的缘故，如果经营状态不那么理想，松下先生的目标不可能实现。此话差矣，企业经营顺利时，需要制定远景目标，把企业做大做强；经营出现困难时，更需要制定改进目标，凝聚人气，走出困境。战后的松下电器正处于惨淡经营之中，但松下先生却不曾因此放弃为公司制定目标。由于目标明确，松下电器才能在很短时间内就走出困境，续写昔日辉煌。试想，假如你是这样一个企业中的一员，不仅对企业的未来充满希望，而且对自己的未来也充满希望，那你怎么会轻易离开该企业呢？

无数的事实证明：人才的价值是不可估量的，重要的是如何开发，只要给他(她)提供一个职位、一个舞台、一个成长空间，给他(她)指引一个方向，让他(她)永远看到成功的希望，就能给企业带来回报。

由此可见，作为管理者，让员工看到希望是多么的重要。为了确保目标切实可行，管理者平时就要培养能够确立目标的意识。有目标才有动力，目标确立之后，针对这个目标，有知识的人贡献知识，有技能的人贡献技能，大家心往一处想，劲往一处使，才能成就大业。另一方面，适时提出企业发展目标，是管理者的重要职责。无论面临何种困境，管理者都要让员工对未来充满希望，给他们以美好的梦想，如果做不到这一点，就没有资格当管理者。

在提出企业发展目标时，必须注意企业目标与人才成长目标是否同步。让员工彻底了解企业的经营方针、信念和企业目标，设定自己的成长目标。不断提出适合企业发展的目标，不断提出与之相适应的人才成长目标，让员工对未来充满梦想，是企业发展过程中非常重要的经营谋略。找机会向员工畅谈自己对未来的设想，让员工看到光明的前景，相信会有许多人才脱颖而出，同时也会吸引更多的优秀人才。

苏宁电器，无论在何时何地开店，都会带来很大的轰动，引起业界同行的关注。不鸣则已，一鸣惊人，用行动来震惊整个企业界，让同行纷纷改变销售政策，向新的“游戏规则”看齐。当然，这样做到底有多少效果，是无法一概而论的。但每一次轰动都让员工感到兴奋，迸发激情，设计自己的成长目标，锁定成长目标。让员工彻底了解企业的经营方针和信念，在员工面前发表的“计划”以及对员工的承诺，都要一一得到落实，这样一来就能让员工士气大振。相信这样的企业在留人、用人上是不会存在人才短缺问题的，企业的发展速度自然也会不同凡响。

因此，适时提出企业发展目标，是管理者的重要职责。无论面临何种困境，管理者都要让员工对未来充满希望，给他们以美好的梦想。这样，员工们才会快乐地工作。

用兴趣激发员工的活力

兴趣是最好的老师，也是最好的工作推进剂。员工只有对自己所从事的工作真正感兴趣，能从中获得快乐，才会竭尽全力把工作做好。每个员工都有自己偏爱的工作内容，管理者让员工有更多的机会执行自己喜欢的工作内容，也是激励员工的一种有效方式。

任何一种兴趣都是由于参与这种活动而使人体验到情绪上的满足，这种满足伴随着一定的情感过程，由此产生的内在性激励会更持久、更经济、更有效。

美国曾对两千多位著名的科学家进行调查，发现很少有是由于谋生的目的而工作，他们大多出于个人对某一领域问题的强烈兴趣而孜孜以求，不计名利报酬，忘我地工作，他们的成功是与他们的兴趣相联系着的。

缅因州的汤姆斯公司(天然牙膏制造商)鼓励员工拿出5%的带薪时间去做志愿服务和感兴趣的工作设计。结果公司的业绩非但没有因为工作时间的减少而衰退,反而有不断的创新成果出现。

苹果公司在其创业初期员工们每周的工作时间不止80小时或90小时,这种狂热的工作情绪不是出于公司的某项强制性规定,反而来源于工作本身的乐趣与挑战性,员工们为改变人们对个人电脑的看法而不断奋斗。

不难看出,苹果公司员工之所以在工作中达到忘我的境界,品尝着"痛并快乐着"的幸福是因为工作本身在很大程度上激发了员工的内在潜能,而将这种潜能、幸福感与工作相连的一个最重要的因素就是兴趣。

兴趣作为个体的典型心理倾向,在很大程度上决定着员工的行为和努力程度,影响着员工是否能在工作中感到幸福和满意。作为心智的重要组成部分,兴趣还影响着管理层的激励手段尤其是精神层面的引导、激发和鼓励是否有效。如何才能通过有效的管理激发员工的兴趣,成为管理层和学术界正在探索的课题,而充分的尊重和工作空间的给予是员工兴趣的出发点和不变的前提。

因此,作为管理者,只有真正用心发现员工的兴趣所在,了解他们的这种心理倾向,才能真正激发员工的工作热情和激情。

那么,我们具体应该怎样用兴趣来激励员工呢?

1.让员工自由地选择工作岗位

将员工放在可以最大限度发挥其才能的地方,达到岗位与人员的合理配置,是人力资源工作的核心。企业可以允许员工在一定的权限范围内自由地选择所从事的岗位,这会激发员工仔细地审视自身优势和兴趣所在,更为审慎地选择自己擅长的有趣工作。员工的选择和意向可以最大限度地诱发自己的动机和行为,激发工作的责任感,在提高效率的同时享受到兴趣带来的工作乐趣;同时,选择工作岗位的过程还可以充分显现员工的兴趣，为企业的工作和岗位设计提供依据。

2.提供“工作设计”

对工作内容、工作职能、工作关系进行设计，包括对现有设计的调整和修改，通过合理有效地处理员工与工作岗位之间的关系，使之与员工的兴趣吻合，以满足员工个人需要，实现组织目标。“工作设计”的主要内容有：确定工作责任、工作权限、信息沟通方式、工作方法；确定工作承担者与其他人相互交往联系的范围、建立友谊的机会及工作班组相互配合协作的要求；确定工作任务完成所达到的具体标准（如产品产量、质量、效益等）；确定工作承担者对工作的感受与反应（如工作满意度、出勤率、离职率等）；确定工作反馈等。

3.工作内容多元化

增加一些与现任工作前后关联的新任务；增派一些原来由经验丰富的员工、专业人士甚至经理做的工作；可以设定绩效目标，让员工用适合自己的方式去实现它们。这些措施往往能激发起员工对新工作内容的兴趣。

4.适当地工作流动

不可否认，部分员工并不了解自身的真正兴趣，恰当的岗位轮换可以让员工寻找到自身的潜力与兴趣所在。成为挪来挪去的“鼹鼠”并不是一件坏事。如果某一职位与知识型员工的兴趣和个性完全不符，一成不变的工作很可能造成其创造力的丧失和过早的热情消磨。丰富的工作内容不仅可以充分地调动好奇心，也是发掘真正兴趣的必要方式。当员工在多彩的工作挑战中找到真正与自己兴趣相关的岗位后，就会从漫无目标的“鼹鼠”变成执著的“螺丝钉”，在岗位上深入探索。

5.鼓励员工进行知识共享

鼓励员工进行知识共享是培养和激发员工兴趣的必备一环，这不仅可以增强知识积累和流动性，更可以让员工了解企业各部门的运作状况，拓展兴趣的广度。

作为管理者，我们一定要尽可能多地掌握用兴趣激励员工的方法,并在具体运用方面大胆创新,以提高自己的管理成效。

信任是对员工最大的激励

如果一个员工在完成一项任务时,得不到上级的信任,他就会觉得工作没有任何意义,也就不会再积极地工作了。因此,企业在给员工分配任务时,如果没有赋予信任,反而怀着猜疑的心情,严密监控,做事的人就很难把事情做好。而且,信任是互动的,企业若不相信员工,员工也就很难相信企业,更谈不上对企业的忠诚了。

人在受到信任的时候,一般都会产生快乐和满足感,进而全力以赴。可以肯定地说,如果公司管理者信而不疑,那么员工不仅会被管理者信任自己的态度深深打动，而且会被管理者的能力和成就深深吸引。

卡尔松担任北欧航空公司董事长时,为了改革北欧航空系统的陈规陋习,曾给予部下充分的信任和活动自由。他的改革目标是,把北欧航空公司变成欧洲最准时的航空公司。开始的时候,卡尔松找不到合适的人选来负责处理此事。几经努力,他终于如愿以偿,于是去拜访了这个合适的人选。

“我们怎样才能成为欧洲最准时的航空公司？你能不能替我们找到答案？过几个星期来见我,看看我们能不能达到这个目标。”卡尔松对他说。

几个星期后,这个人约见卡尔松。卡尔松问道:“怎么样？可以实现我的目标吗？”

他回答说:“当然可以了,但是大概要花6个月的时间,需要150万美元……"

没等他说完，卡尔松激动地插嘴道："好！太好了！"原来，卡尔松准备用700多万美元。

那个人被卡尔松的神情吓了一跳，他稳定了一下情绪，继续说道："请您等一会儿，我带了几个人来，准备向您汇报。让他们告诉您我们的工作计划。"

卡尔松想都没想，摆摆手说："不用汇报了，你们尽管放手去做，我相信你们的能力。"

4个多月之后，那个人找到卡尔松，给他呈上这个阶段的业绩报告。这时他已使北欧公司成为欧洲第一。令卡尔松感到欣喜的是：这个人还省下150万美元经费中的50万美元，总共只用了100万美元。

从上面这个案例可以看出，优秀的管理者最善于用信任来获取员工的心。管理者的一个基本责任就是了解员工的价值，然后鼓励他们主动尝试。久而久之，将会留住更多优秀的人才。

管理者对员工的信任与员工感受到的责任感常常是一致的，但生活中的误解也是常常发生的，因此公司管理者对员工一定要坦诚。如出现变故及不利因素，有话要说到当面，不要在背地里议论员工的短处。对员工的误解应及时消除，以免积重难返。有了错误要指出来，是帮助式的而不是指责式的，相信员工不是傻子，好意歹意自会心中有数。总之，与员工经常保持思想交流非常重要。

在具体运用时，公司管理者对员工表示信任的方式，也应灵活巧妙，多种多样。诸如：

——在大庭广众之中，众目睽睽之下，有意制造一种隆重的气氛，将最困难、最光荣的重要工作交给某个员工，使他觉得这是上级对他的最大信任，"看得起他"。

——在听到别人对员工的不公正非议时，当即旗帜鲜明地予以驳斥，并且一如既往地使用员工，就像刘邦听到别人议论陈平有欺嫂、受贿之嫌以后，照样重用陈平一样。

——不以一时的胜败论英雄。在员工屡遭挫折，工作进展不大时，决不能因此而抹杀他过去的功绩，怀疑他固有的才能，草率地中途换人，而是及时向员工提供必要的支持和帮助，消除他心中的阴影和疑虑，尽快恢复他战胜困难的信心和勇气。

——在和员工一起研究工作时，只要条件允许，就应该先听听员工的意见和看法。当员工由于自己的看法和你不一致，表现出含糊其辞或竭力“靠拢”管理者的观点时，作为老板，应及时鼓励员工坦率地提出不同意见。当员工在你的鼓励下，大胆发表了不同意见，而这些意见确实比你原来的想法高明时，应当予以肯定；如果员工表述的意见毫无可取之处，也不要生硬地完全否定，而应该首先肯定它在某些方面具有参考价值，然后再详尽地说出自己的看法。要知道，在员工面前充分发扬民主作风，正体现了你对员工的最大信任。

——有意“免检”员工从事的某项工作，甚至对员工在工作中偶尔出现的小过失佯作“不知”，只要本人知错改错，不再重犯，就不予深究。通过这种宽容的做法，使员工切实感受到老板对他的充分信任。

——在制定计划、执行、检查、总结等管理过程中，公司管理者应尽量让员工“参与”这些活动，让他们充分发表自己的意见。通过最大限度地满足他们愿意“参与”的心理，来增强他们对管理者的信任感。

——对员工不必统得过死，管得过严。给予员工适度的自由，让他们根据自己不同的兴趣、爱好、特长和追求，去努力实现个人的“目标”。有时候，员工在个人小目标上取得的进展，不仅不会影响上级制定的大目标，反而更有助于大目标的提前实现，对于整个社会也能多作一些贡献。对员工的约束能力适度“松绑”，也是对员工的充分信任。

压力也是一种激励

美国德克萨斯州有个大富翁的家中设有一个大水池，里面养了许多鳄鱼之类的凶猛动物。一次，他在家中举办一个大型舞会，兴致正浓时领着大家来到水池旁，对嘉宾们说：“如果谁敢从水池的这一端游到另一端，我可以让他在三个优厚的奖励条件中选择。或者一百万美金，或者一千英亩土地，或者娶我年轻美貌的女儿。”话音刚落，就有人“扑通”一声跳到水里，以惊人的速度游到对岸。富翁见他如此勇敢，便说要兑现诺言，可是这位勇士什么都不要。

富翁十分恼火，问道：“你什么都不要，那你要什么呢？”勇士回答：“我要知道是谁把我推下去的！”

这个故事是说，恐惧感对人有着极大的抑制作用，而强迫也不失为一种让人做事的方法。正如你跑步可能不快，但如果后面有只老虎追你，那么你将会极其神速。由此可见，适当的压力可以促使一个人成功地完成任务。

很多企业，员工与管理者经常“打游击战”。当管理者在的时候，就装模作样，表现卖力，似乎是位再称职不过的员工了；而管理者前脚刚走，下面的人就在办公室里大闹天宫了。为什么会这样呢？关键就在于缺少一种压力！所谓“马为策己者驰”就是这个意思。

压力是一种驱动力。适度的压力会使人感到精力充沛，并能保持较长一段时间。如果压力很好地保持在一定的可控制的水平，它将激励人们在较长的时间里做出高质量的工作。当人们有紧迫感的时候，压力就随之而来。企业管理者可以从外部给员工施加一点压力，一点提醒，一点动力，就能促使员工不懈努力，激励他们不断进取。

肯德基国际公司的连锁店遍布全球60多个国家，达9900多个。它是怎么施行管理的呢？

有一次，上海肯德基有限公司收到了3份由总公司寄来的评分表，对公司外滩快餐厅的工作质量分3次作鉴定评分，分别为83、85、88分。公司中方、外方经理都为之瞠目，这三个分数是怎么评定的呢？原来，肯德基国际公司雇佣、培训了一批人，让他们佯装顾客潜入店内进行检查评分。

这些“特殊顾客”来无影去无踪，这就使得快餐厅经理、雇员时时感到某种压力，丝毫不敢疏忽。

无独有偶，被誉为中国台湾“经营之神”的台塑集团的王永庆也特别重视压力的激励作用。他在总结台塑企业的发展过程时说道：“如果台湾不是幅员如此狭窄，发展经济深为缺乏资源所苦，台湾企业可以不必这样辛苦地致力于谋求合理化经营就能求得生存及发展的话，我们是否能做到今天的PVC塑胶粉及其二次加工均达世界第一，不能不说是一个疑问。台塑企业能发展至营业额逾一千亿元的规模，可以说就是在这种压力逼迫下，一步一步艰苦走出来的。”

他又说道：“研究经济发展的人都知道，为什么工业革命和经济先进的国家会发源于温带国家，主要是这些国家气候条件较差，生活条件艰难，不得不求取一条生路，这就是压力条件之一。日本工业发展得很好，也是在地瘠民困之下产生的，这也是压力所促成的。今日台湾工业的发展，也可以说是在退此一步无葬身之地的压力条件下产生的。”

王永庆创立了“压力管理”的激励方法。这一方法，让人的主动性、创造性在压力逼迫下发挥出来。具体地说，就是人为地造成企业有压迫感和让台塑的所有从业人员有压迫感。

先说企业的压力。随着时间的推移，台塑企业的规模越来越大。生产PVC塑胶粉粒的原料来源是一个越来越严峻的问题。尽管台塑在美国有14家大工厂，但美国的尖端科技与电脑是领先世界各国的，台塑与美国的同行竞争，压力仍然是十分巨大的。集团必须去开辟更多的原料基地，企业才会出现第二个春天。这既是企业的压力，也是台塑全体员工的压力。

再说全体受业人员的压力。台塑的管理人员最怕的是"午餐汇报"。王永庆每天中午都在公司吃一盒便饭，用餐后便在会议室里召见各部门的管理人员，先听取他们的报告，然后会提出许多犀利而又细微的问题逼问他们。管理人员为了应付这个"午餐汇报"，每周工作时间不少于70小时，他们必须对自已所管辖部门的大事小事十分清楚，对出现的问题作过真正地分析研究，才能够过得去。

为了使每一层级的就业人员都有压迫感，台塑集团采取的是"中央集权"式的管理。采取中央集权制，必须设立一个运筹帷幄的指挥中心，以控制下设的16个事业单位。这个指挥中心便是台塑总管理处，16个事业单位是指各总经理室及采购部、财政部、营建部、法律事务部、秘书室、电脑处。总经理室下设营业、生产、财务、人事、资材、工程、经营分析、电脑等8个组。这有如一个金刚石的分子结构，只要自顶端施加一种压力，各个层次便会产生压迫感。

通常，企业都处于老板推一步员工走一步的被动状态。就是说，一般企业的"推夫"只有一个，因此动力较小。而台塑企业相当于"老板"级的幕僚便有200多人，也就是说王永庆有200多位"推夫"。这些"推夫"们会直接深入企业的底层，极大地增强了企业的动力。总经理的幕僚成功地扮演着王永庆的耳目。他们传达着他的命令，贯彻着他的指示，严密地考核着政策施行后的成效。

台塑集团通过运用压力激励，促使员工自觉努力地工作，也使得台塑集团立于不败之地。的确，每个人的潜能都是很大的，只是在通常的环境和条件下难以发挥出来，因为人的惰性很大。只有周围环境比较恶劣，或受到某种外在的激发，人们才会冲开自己的惰性而表现出非常的智慧来。

充满诱惑力的“头衔”激励

管理者在给下属“甜头”时，千万不要忘了“头衔”这块“糖”。荣誉是很多人追求和向往的东西。对于荣誉感强的人，管理者可以根据他们各自的成就和需求给予相应的头衔，以此来激励他们。

头衔能刺激人，能鼓励人们更加努力地工作，也能赢得人们的忠心和热诚。

30个不同行业的工会的倡导者、美国劳工协会的缔造者塞缪尔·冈珀斯，他在刚刚开展工作时，感觉十分艰难。工人们大部分都是毫无组织的，而当时他既没有钱，又得不到足够的外界帮助。

有一天，他灵机一动想出了一个计划。他自己创造设立了一个“民间委任状”，这个委任状的主旨是授予那些愿意组织工会的人一个荣誉称号。在一年中，以这种方式被委任的人就有80人之多。美国劳工协会会员的数目从此开始激增。

没有几个领袖能比拿破仑更清楚头衔的价值了，也没有人比他更能明了人类对于这种极具诱惑力的东西的渴望是多么迫切了。为了使那些拥护他的人都能牢固地团结在他新创的帝位之下，拿破仑对赏赐毫不吝惜，创立并封赐了许多崇高的头衔和荣誉。他创制了一种荣誉勋章，并且立刻将1500多个十字勋章授予他的臣民；他重新启用了法兰西陆军上将的官衔，将这一高位封赠给了18位将官；同时给优异的士兵授予“大军”的光荣头衔。

头衔尽管是虚的，但它们仍然具有非常特殊的功效。当埃默里·斯托尔斯——一名芝加哥的律师，要求成为内阁成员的时候，这对大总统阿瑟来说，确实是一个很棘手的问题。这个人是一个不可冒犯的实权政治家，但这个人同时又是一个“歪才”，决不能委以重任。于是，阿瑟给了他一个“外交考察专员”的头衔，这个位置尊荣有加，而实际上却无事可做。带着这个光荣的头衔，斯托尔斯得意洋洋地昂首阔步到欧洲观光去了。

在纽瓦克的路易斯·班伯格创建的著名商店中，从来没有用过“雇员”二字。他的每一个员工，都被相互尊称为“同事”。

很多实业界的巨头们，都为他们那些最得力的下属，设立了许多头衔和荣誉称号。正是基于这一精神，施瓦布创立了“伯利恒钢铁公司钻石十字勋章”，将它们分别授给那些有功于公司的助理，就像威廉大帝赐予德军将领以铁十字勋章一样。在伯利恒钢铁公司里，差不多有100多人都是施瓦布的勋章公会的会员。这个“钻石十字勋章”被公认为一种业绩优异的标准，长期以来，它是公司许多成员梦寐以求的东西，而那些勋章获得者则以此为荣。

由此来看，头衔对人的激励是非常大的。许多管理者认为，头衔只是个有名无实的东西，不会有多大的作用，事实上，这个小小的管理细节，却能给你的工作带来很大的动力，其作用是不可小视的。

企业文化能激发员工的工作热情

企业文化就是企业的“性格”，是企业在长期生产经营过程中形成的价值观、经营思想、群体意识和行为准则的总和。

杰出而成功的企业都有强有力的企业文化，为全体员工共同遵守，但往往是约定俗成的而非书面的行为规范，并有各种各样用来宣传、强化这些价值观念的仪式和习俗。正是企业文化——这一非技术、非经济的因素，影响着企业中大至决策的产生、企业中的人事任免，小至员工们的行为举止、衣着爱好、生活习惯。在两个其他条件都相差无几的企业中,由于其文化的强弱,对企业发展所产生的后果就完全不同。

企业就像一个小社会,它的文化涉及范畴很广,包括:企业提倡什么、企业不提倡什么、员工的综合素质、员工所处的环境、怎样分配资源、组织结构、各项规章制度、绩效评价方法、报酬政策、员工福利,等等。良好的企业文化能激发起员工更大的工作热情。如企业采取“以人为本“的管理方式,努力为员工提供足够的资源,良好的福利,建造一系列文化娱乐设施,员工从企业的工作方式、福利、团体交流中,在物质和精神上得到满足,从而激发员工的工作热情,调动员工的工作积极性,有利于发掘人才资源。

有这样一个案例:

两个好朋友同时创业,几年后其中一个人的公司已经小有名气,而另外一家则还是举步维艰。于是后面这家公司的老板就问他的朋友:“我们是同时创业,我们的条件和机会差不多,为什么你发展得那么快,我到现在却还是那么艰难呢?”他的朋友并没有做正面回答,反而问了他三个问题:“你的公司有没有足以令员工激动并愿意与你共进退的发展目标?你有没有将你的思路与价值观与你的员工分享?你有没有经常刻意去创造一种让员工充满激情的工作氛围?”听完朋友的问题,这个老板陷入沉思之中。

这个案例反映了经营管理制度和工作生活方式——也就是企业文化,成为能否激发企业成员积极进取的重要因素!

良好的企业文化能激发员工的工作热情。每个公司的发展壮大都离不开广大员工的共同努力,也只有凝聚所有员工的智慧和力量,企业才能不断的创新和发展。归根到底,有能力、敬业、忠诚的员工才是企业发展的坚实基础!而企业文化则能凝聚员工的力量,使员工产生稳定的归属感,从而吸引、留住人才,进一步推进企业的发展。

雷利公司是一家专业生产永磁步进电机、减速永磁同步电机、排水电机的企业，公司有员工千余名，其产品的国内市场占有率达到了60%以上，并出口欧美、日韩、东南亚等60多个国家和地区。公司之所以能成为国内名副其实的"隐形冠军"，这与他们多年来一贯倡导的雷利企业文化是分不开的。

这家坐落在遥观镇的企业，有着"以人为本，以质取胜"的雷利核心文化。每年，公司都举办团拜会，表彰先进、吃团圆饭、员工才艺展示等活动。公司人力资源部会制订每年度的公司企业文化方案，组织开展各类文体活动，丰富员工的精神文化生活，如乒乓球比赛、篮球比赛、跳绳比赛、踢毽子比赛、歌咏比赛、技能比赛等。

以身边人影响身边人，是雷利公司激发员工工作热情的有效途径之一。他们组织"每月一星"评比，评出的优秀员工，作为公司月刊《和谐雷利》的封面人物，并在月刊上专门介绍其事迹，成为雷利员工心中的楷模。

企业文化不仅仅是公司的宣传手段，最重要的是如何将其落实下去，让公司里面的每一名员工都能深刻地体会到企业文化对公司发展的重要性。只有当员工深刻地意识到自己的行为是符合企业文化要求的，处处以企业文化严格要求自己，那么企业文化才能真正地发挥其最终的效果。

秘诀七

解决"没奔头"问题

现代职场中,有很多人感觉没奔头,没有发展的空间,工作几年下来,自己的各方面能力不仅没有提升,反而把以前的东西给忘了。每天只是机械地工作工作再工作。如果从这个工作岗位上下来,很可能再也无法适应这个社会,于是乎就有很多人感叹:"我的路为何越走越窄?"要想让员工有奔头,就要拓宽员工的发展道路,让他看到自己的希望。要做到这一点,企业就要对员工进行各方面的培训,提高员工自身的素质能力。

授鱼还是授渔

中国有句古话:“授人以鱼不如授人以渔。”说的是传授给人既有知识,不如传授给人学习知识的方法。道理其实很简单,鱼是目的,钓鱼是手段,一条鱼能解一时之饥,却不能解长久之饥,如果想永远有鱼吃,那就要学会钓鱼的方法。

对于企业员工来讲,是该授鱼还是授渔呢?这是企业管理者理应考虑的问题之一。

马斯洛的需要层次理论中,最高一层的需要是实现自我的需要,也就是发展的需要。而要让员工们实现自我,更好地发展,就不能仅仅授给他鱼,更重要的是要授给他渔。现代职场中,有很多人都感觉没奔头,没有发展的空间,工作几年下来,自己的各方面能力不仅没有提升,反而把以前的东西给忘了。每天只是机械地工作工作再工作。如果从这个工作岗位上下来,很可能再也无法适应社会,于是乎就有很多人感叹:“我的路为何越走越窄?”

对企业来讲,这可是个严重的问题,这个问题不处理好必将影响企业的发展。

对企业员工而言,最好的福利就是对其进行在职培训。这就好比只给他们鱼并不是他们最想要的,他们想要的是学会钓更多鱼的方法。因此,企业为员工提供更好的培训和教育,是留住人才的一个重要方法。

1912年,伊莱克斯的创始人爱尔克·温尔格林发明了世界上第一台家用吸尘器,第二年又生产出第一台家用冰箱。从那以后的70多年里,伊莱克斯兼并、收购了世界上约400家家电厂商和品牌。除此之外,伊莱克斯的业务还涉及餐饮服务设施、园林等领域。其总部设在瑞典的斯德哥尔摩，在全球60多个国家拥有工厂；产品畅销于全球160多个国家；全球雇员人数超过10万。

在伊莱克斯内部，经理级别的雇员大约有5000名，这些人能否发挥自己的能力在很大程度上决定着公司的市场份额和利润。为了保障公司的正常运营和快速发展，伊莱克斯不仅对这些经理们进行有针对性的培训，还对其他员工也进行了在职教育。1995年，伊莱克斯集团成立了伊莱克斯大学。

培训部在伊莱克斯是一个独立而又重要的部门。为了与公司的发展理念合拍，培训部首先就是一个学习性非常强的团队，对团队内的每个成员的学习能力要求都非常高，每个成员都应该具备与其他部门进行有效合作的能力。

培训部的主要工作就是设置培训课程，这需要花费他们大量的时间和精力。比如部门的销售培训师，他在设计课程之前，都会跟随着业务员一起去拜访各个零售商，还要专门去伊莱克斯专柜查看销售情况，包括销售员是如何卖东西，客户对品牌的意见以及销售员、促销人员的意见，等等。销售培训师得到这些资料后，再加以整理、加工，提取出哪些是必须要改正的，然后，在查阅大量资料的基础上，再加入所提取的信息，从而设计出一门相对完善的培训课程。

不仅如此，公司各个部门的优秀人才也都会用自己的宝贵经验来培训、提高普通员工的能力。对此，伊莱克斯的营销培训师张铸久曾经说："公司那些专业性很强的培训，单单依靠培训部的力量显然是不够的，培训部更多是起着协调和整合的作用。"

伊莱克斯曾经引进"高效能人士的7个习惯"这一课程，很多员工听了感觉很不错。因此，伊莱克斯公司将这门课程买了下来，还培养了从事这门课程的讲师。同时，培训部建立起了自己的资料库，从中能够查阅到很多培训市场的情况。如果需要引进外国课程，伊莱克斯总部和大学都会帮助筛选和协调，再按照实际情况将整合的课程拿过来。

因为公司有科学的培训方法，伊莱克斯不仅融合了各个地域、不同文化背景的子公司，让其有效运作，同时还吸引了一大批精明能干、忠心耿耿为公司效劳的人才，使公司日益发展壮大。

正是因为伊莱克斯将培训看做是给员工最好的福利，并且将培训工作落到实处，不流于形式，才使得员工真正从公司受益。这样做，不但提高了员工的素质和业务水平，还提升了他们的整体服务水平，令公司成为最终的受益者。

如果说公司是一个组织的话，那么员工就是这个组织的细胞。如果细胞的创新能力下降，势必会影响到整个组织的健康运转。而培训，就是给员工“细胞”注入新的动力。那么，管理者在对员工进行培训前应该做哪些工作呢？

1.确定培训重点

在对员工进行培训之前，管理者应该先想想对员工培训的侧重点应该放在哪里。了解员工所担任的工作，然后将他们应该学习什么样的知识记录下来，再有针对性地制定出员工的学习方案。只有事先准备好，才能做到有的放矢，提高培训效率。

2.了解员工的目标

如果想对员工进行培训，那么一定要先了解员工对自己有一个怎样的要求，他们的目标是什么。管理者可以通过调查问卷或者谈话的方式将员工想完成的目标记录下来，再根据员工目前的职位、业务水平等为员工制定一个具体的培训方案。

3.培训前与员工沟通

当确定了员工到底该参加一个什么样的培训前，管理者应该与员工深入地沟通，将整个培训的目的、过程，以及可能会取得的效果与员工进行交流，让员工彻底理解培训并服从上级的安排。同时鼓励员工说出自己的想法，了解员工的真实意愿。

有效培训，让员工迅速成长

培训不仅可以吸引人才，还能够开发人才、留住人才，能够为企业增加无可估量的价值。很多人才在考虑是否加入一个企业时，都会考虑雇主能不能给自己提供好的培训机会。只有有良好培训机制的企业才有发展前景，为之工作才会有奔头，才能迅速成长。因此，不少世界500强企业都以培训机会来吸引人才，可以肯定地说："培训的价值是无价的。"

但是，并不是所有的人才培训计划都能够做到有的放矢，达到管理者预想的效果。只有合理的、有效的人才培训计划才能发挥更大的作用。因此，制订一个有效的人才培训计划，是管理者在进行培训投资前必修的一课。

1962年，美国零售业传奇人物山姆·沃尔顿先生在阿肯色州成立了第一家沃尔玛，当时的沃尔玛还只是一家小的百货商店。经过50多年的发展，沃尔玛公司已经成为全球最大的连锁零售企业。目前，沃尔玛已经在全球多个国家开设了7900家商场；全球雇员人数超过210万；并且连续三年位居《财富》500强企业榜首。

沃尔玛成功的秘诀，就是以人才的培养来留住大批优秀人才为企业服务。在沃尔玛，让每位员工实现自己的人生价值是企业管理者们追求的目标。在他们眼中，员工不应该只是用双手干活的工具，更应该是智慧的源泉。每一个员工的创造力都是非凡的。员工就好比是一口井，而沃尔玛的管理者们则是"挖井人"。

因此，沃尔玛建立了一套合理并且行之有效的员工培训机制，并将大量的资金投入培训中以保证培训的顺利实施。沃尔玛位于全球各国的分公司，都会在每年的9月份，与总公司国际部共同制订年度员工培训计划。此计划包含的内容非常多，比如员工的入职培训、升职培训、专职培训等。不仅如此，每项培训还含有30天、60天和90天的回顾培训，用这种方法来巩固培训效果。

同时，美国沃尔玛总部还开设了沃尔玛零售学院，在各级商店都开设有各类培训班，利用员工不上班的时间对员工进行培训。例如公司的山姆营运学院，专门对公司的高级管理人才进行培训。

而那些各个分店的经理人，沃尔玛对其进行的培训更严格。除了会对他们本身拥有的能力进行提升外，业务能力的提高也十分重要。沃尔玛的最高层不会直接指导每家分店的经理该如何做生意，而是为他们营造一种学习的环境，让分店经理们学到更多的管理营运知识。

针对员工的不同情况，沃尔玛提出了“经验式培训”的课程。这种培训是以生动的游戏和表演为主，培养员工换位思考的能力。培训老师为员工们讲故事，给他们表演和做游戏的机会，让员工身临其境地参与到培训中来，这种方式让员工觉得既有趣，又有效。

很多在沃尔玛工作了多年的员工都表示，沃尔玛不仅提供给他们需要的物质，还帮助他们实现了人生价值，他们甘愿为这样的企业付出自己的劳动。

沃尔玛的人才培养理念和它制订的一套科学而且有效的人才培训计划，使得企业发展长盛不衰。

然而，并非所有企业都能像沃尔玛那样开明，职场中依然有一部分企业没有认识到培训的重要性，他们在招到优秀人才后却使用不当，运用“榨”的方式来使用人才，让其不断输出却得不到补充。日积月累，这些人才的专业技能跟不上社会发展趋势，逐渐变成庸才了。管理者一定要吸取教训，制订出一个有效的人才培训机制，从而让自己的投入收益最大化。

1.注意因材施教

不论在哪家企业，每个员工的岗位和责任都是不同的，尤其是一些大型企业，员工水平参差不齐，在人格、智力等方面也有差异。因此，对担任工作所需要的员工素质等也存在着差异。有的员工自身条件好,很快就能胜任工作,而有的员工则不能,做起工作来比较费劲。所以,管理者在不同的员工之间进行岗位培训,就应该注意到这些差异,做到因材施教,不能"一刀切"。只有针对不同的对象选择不同的培训方式,才能取得良好的效果。

2.不能脱离现实环境和工作需求

越来越多的企业管理者开始注重员工培训,但是,也有一部分企业管理者发现,对员工所做的培训没有取得很好的效果,令他们苦不堪言。其实,造成这个结果的一个重要因素,就是忽视了环境及员工的工作需求。据研究显示,一个员工70%以上能力的释放都依赖于他所处的环境,同时,很多管理者错误地认为培训就是学习知识,不如让员工之间互相学习更好。但因为每个人的工作需求都不一样,因此员工们根本就不知道应该向别人学习什么,互相学习也就无从谈起了。

3.培训计划应注意循序渐进

对员工的培训应该是一件循序渐进的事,不能操之过急,管理者应该认识到这一点。它是一项系统性的工程,不可能取得立竿见影的效果。因此,管理者在设计培训计划时,就应该将这个观念灌输到整个培训中去。

企业规划让员工"有奔头"

管人的最佳境界,就是把各个员工的理想、抱负与企业前途紧密结合在一起,双方共同发展。员工认为企业有前途,才会留下来努力工作,才会有事业心。

许多企业管理者都有过对员工缺乏事业心的抱怨。员工没有事业心,其实很多情况下只是对企业前途缺乏信心的表现。尤其是在小企业、新企业和处在困境中的企业，员工对企业前途缺乏信心的问题会比较严重。在企业经营陷入困境时，员工对企业前途的信心会遭受更大的考验。

只有当企业的发展有潜力、有前景，员工才会有信心、有干劲。相反，如果员工对企业前途没有信心，会给员工带来多方面的心理压力。主要有两方面：第一，一种前途未卜的恐惧；第二，对业绩成长的忧虑，对个人发展的困惑和对企业发展走向的担忧所形成的不可名状的心理暗示。在这种心理影响下，员工就会表现为混日子、悲观消极、缺乏责任心和事业心，甚至整天想着跳槽。这样的心态，当然对员工个人的成长和企业的发展都极为不利。

现代企业对人才的需求越来越高，同样，企业也要为人才的发展提供足够的发展空间。有了很好的发展机会，人才的价值才有体现的平台，才有发挥的空间，才能留住人才。所以，企业管理者要站在企业未来发展的高度，积极营造一个能“拴住人心”的员工发展平台，营造一个有利于充分发挥人才作用的激励机制。

要注重企业内部的人才流动，员工在一个岗位干好了，管理者就要及时根据其能力，使他的活动舞台更宽广，造成一种“海阔凭鱼跃，天高任鸟飞”的生动活泼的局面。因为一个有才能、有志向的人，除了要看报酬外，他们往往更看中自己将要立足的岗位是不是有利于施展才华，发展的空间大不大等非金钱因素。要不断深化企业人事制度改革，坚持公开、公平、竞争、择优原则，逐步实现因需设岗，竞争上岗，择优聘任，以岗定薪，考核有标准、奖惩有依据的用人制度和“人员能进能出，职务能上能下，待遇能高能低”的动态用人机制；要根据人才培养政策，结合企业实际，逐步建立终身教育机制，推进再教育工程，积极创造人才终身受教育的环境和条件；要建立实践锻炼机制，有计划地把有潜质的人才安排到重大项目、重要岗位接受锻炼，采取企业内部轮岗、交流等多种方式，让人才在实践中不断得到提高。

另外，也是最重要的一点，要让员工了解企业的发展蓝图。盖房子的时候,建筑师把自己的想法具体地表现在蓝图上,再依照蓝图完成建筑。如果没有建筑师的具体规划就无法完成具体工程。同样的道理,企业在行动时也必须要有行动的蓝图,也就是精密的具体理想或目标。

企业吸引人才的最重要条件之一就是能够为员工提供足够合适的发展空间,即所谓“选择了一个企业,就是选择了一种生活”。如果企业管理者可以树立长远的经营目标,摆脱短期化经营行为,就赢得了人才对企业产生信心的关键一步。优秀企业对企业发展进行长远的规划,使企业经营走向理性化。对于员工来说,他们需要看到的是规范的现代企业模式,面对一个有充分发展活力、有充分归属感的企业,员工会很容易找到自己的平台,看到自己光明的未来。要使员工对企业前途充满信心,就要让员工了解企业的优势和发展目标及企业的美好前景。员工看见了企业发展的蓝图和目标,就会产生强烈的归属感,才会主动地把个人的事业和企业的前途紧密地连在一起, 而归属感越强,公司就越有向心力。

不断地向员工展示企业发展的宏伟蓝图,让员工对企业前途充满信心,正是松下幸之助的重要谋略。早在1932年,松下在向企业员工演讲使命感的时候,曾经描绘了一个在250年内达成使命的愿景。其内容是:把250年分成10个时间段,第一个时段的25年,再分成3期,第一期的10年是致力于建设的时代;第二期的10年继续建设,并努力活动,称“活动时代”;第三期的5年,一边继续活动,一边以这些建设的设施和活动的成果贡献于社会,称“贡献时代”。第一时间段以后的25年,是下一代继续努力的时代,同样要建设、活动、贡献。如此一代一代地传下去,直到第十个时间段,也就是250年以后,世间将不再有贫穷,而是变成一片繁荣富庶的乐土。

松下的这个蓝图,可以说是绝无仅有的,不仅在企业界未有先例,就是那些赫赫有名的政治改革家, 也没有多少人有这样宏伟的规划。难能可贵的是,时至今日,他的梦想正在一步一步实现着。而更为现实的是,松下的这种规划让每个员工都拥有了灿烂辉煌的梦想,使员工对企业前途充满信心,从而提高了他们的工作热情和积极性,提高了工作效率,促进了企业的快速发展。

松下让员工融入了企业的长远规划之中,让员工有了更大的空间和舞台,让员工在企业有自己明确的奋斗目标,让员工对企业的未来充满信心,感到自己"有奔头"、有价值,愿意在企业长期干下去,所以松下电器才能在很短时间内就走出困境,续写昔日辉煌。

为员工设计职业发展方向

在欧美国家,企业都非常注重员工的个人职业发展计划,并以此来实现企业与员工之间的互动, 这成为留住精英员工的重要方式之一。因为,企业在帮助员工设计职业发展方向的时候,会令员工明确自己在企业的发展前景和努力方向,知道自己被看成是公司未来发展的一员,从而增强了企业的凝聚力和向心力,增强了员工对企业的归属感,使员工憧憬着美好的发展前景而不愿轻易离开企业。

在当今这个迅速发展的时代中,我们也要吸取欧美国家的管理精华,帮助员工设计好个人的职业发展生涯。个人职业生涯的发展计划是企业协助员工开发各种知识和技能,向员工提供发挥个人专长的契机。通过这个计划,让员工对自己目前所拥有的技能、兴趣及价值观进行评估,接着考虑公司及市场变化的需求,使自己的特长及发展方向符合公司变化的需求。

中国移动自2000年4月20日从原中国电信移动通信资产总体中被剥离出来以后,历经10年的发展,它已经成为中国最大的移动通信运营商,并连续3年入榜《福布斯》,是"全球400家A级最佳大公司"的唯一中国企业。

中国移动的辉煌与其独特的客户服务是分不开的,而创造这些奇迹的就是移动的员工们。拿广东的移动为例,公司一直真诚关注着员工的成长。不仅为员工定岗、定责、定级,建立了19级薪酬体系、竞争上岗等体制,还为员工提供职业生涯规划设计,真正做到了企业与员工共同成长。

广东移动根据每个员工的个人特点，采用差异化的方式来设计、确定员工的成长及发展道路,并且向所有员工公布了各种专业人员的晋升机制,让每个员工能有计划、有步骤地提升个人的能力。

广东移动公司为全省范围内的员工建立了动态职业生涯信息档案库,包括员工的个人基本情况、能力测评情况、绩效情况以及个人发展意向等。除此之外,公司还完善了新的岗位体系,为员工建立了动态的职业发展道路。广东移动增设了10级~15级的晋升通道,并且从9级岗位中评选出一定比例的有能力、业绩突出的员工,晋升到10级以上的岗位,让员工的专业发展处于一种动态模式。

不仅如此，广东移动还积极完善了员工职业生涯岗位培训体系，展开了多种方式的员工培训。培训提升了员工的专业技能和素质,为有能力的员工提供了更好的发展通道，激励有才能的员工不断前进。真正做到人岗匹配、能位匹配,给不同能力的人提供不同的舞台,使个人才能得到最大程度地发挥。

移动公司将员工的发展与企业的发展紧密联系在一起,促进了员工在公司内部的自我发展与自我实现。

帮助员工设计职业发展方向很重要,下面就为人力资源管理者提出几点可行建议,以达到组织和员工彼此受益的目的。

1.确定员工的职业价值观

员工的职业价值观指的是员工对薪酬与福利、晋升的机会、社会身份等的总体、细致的认识。企业应该帮助、辅导员工透彻地分析自己的现状,挖掘自己的潜能,再确定自己的需要,即确定职业价值观。

2.确定员工的职业倾向

据专家研究，人按照心理素质和择业倾向，可以分为6种基本类型。即实际/操作型、艺术型、调研/学术型、事业/经营型、社会/服务型和常规/受支配型。如果管理者确定了员工的职业倾向，那么就应该根据职业的内容及其对任职人员的素质要求等，来匹配与员工合适的职位。

3.向员工提供企业信息

帮助员工设计职业发展方向，要求企业向员工提供企业信息，此举非常有必要，它能够让员工的职业生涯目标与企业的发展目标相协调。企业应该告诉员工企业的发展战略以及各阶段目标，包括企业各发展阶段、各层次、各部门的人力资源需求以及企业文化信息，让员工对企业的未来有一个了解，从而判断自己的目标是否与企业的价值观和发展相吻合。

另外，管理者应该向员工提供与本行业有关的技术发展情况，如被淘汰的技术、设备、工艺，当地的社会环境情况，又比如就业、社会保障情况及当地的政治、经济、文化、治安情况等。

4.对员工进行跟踪管理

为员工设计职业发展方向，只做好上面的工作是不够的，还应该有跟踪管理制度。一个人的职业生涯目标并非一成不变，因为每个人的学习能力都不同。员工会在发展计划制订好以后，沿着设计好的发展道路不断地努力，从低层次逐渐上升到较高的层次，直到实现自己的目标。

随着岗位和层次的变化，员工一定会按照新岗位和层次的需求，来提高自身的素质，改善自己的素质结构。企业只有对员工职业生涯发展方向不断地跟踪和指导，对其工作进行定期或者不定期的反馈、评价，肯定好的一面，克服工作中存在的不足，才能督导员工往设计好的方向发展，最终实现其目标。

建立学习型组织让员工不断成长

在当今的公司管理中，建立学习型组织是最流行的概念之一。那么，怎样的组织才是学习型组织呢？学习型组织就是通过培养弥漫于整个组织的学习气氛，充分发挥员工的创造性思维能力而建立起来的一种有机的、高度柔性的、扁平的、符合人性的、能持续发展的组织。这种组织具有持续学习的能力，具有高于个人绩效总和的综合绩效。

就本质而言，培训的真正目标是拓展创造力，而学习型组织就是一个具有持续创新能力、能不断创造未来的组织。它就像具有生命的有机体一样，能在内部建立起完善的学习机制，将成员与工作持续地结合起来，使组织在个人、工作团队及整个系统三个层次上得到共同发展，形成"学习——持续改进——建立竞争优势"这一良性循环。

它以共同愿景为基础，以团队学习为特征，是一个扁平化的横向网络系统；它强调学习加激励，不但使人勤奋工作，而且尤为注意使人更聪明地去工作；它以企业的不断学习为核心，提高群体智商，使员工活出生命的意义，自我超越，不断创新，以图达到企业财富速增，服务超值的目标。

有学者说过，缺乏学习能力对一个孩子来说是悲惨的，但对一个组织来说是致命的。因为缺乏学习能力，很少有企业能够存活相当于人类寿命一般的时间。壳牌石油公司的一项调查表明，10年前名列《财富》杂志"500家大企业"排行榜的公司，有1/3已经销声匿迹了。依照壳牌石油公司的估计，大型企业的平均寿命不及40年。

对企业来说，建立学习型组织关系到企业能否长久地立足于市场。但是，学习型组织绝不是一天可以建成的。组织之所以成功，都是因为持续培养，长期投入，不断而稳定地发展相关的管理流程。不过，有些改变是可以很快达成的。首先，在公司中培养鼓励学习的气氛。如果员工总是被打扰或被催促，他们就很难学习；在压力很大的情况下，也往往无法学习。其次，打破有形或无形的界限，促进思想的交流。

团体学习必须精于运用深度会谈和讨论。这是两种不同的团体交流方式。深度会谈是自由和有创造性地探究复杂而重要的议题，先暂时收起个人的主观思维，彼此用心聆听。讨论则是提出不同的看法，并加以辩护。深度会谈与讨论基本上是互补的，但是多数团体缺乏区分及妥善运用这两项交谈技巧的能力。

团体学习也包括学习如何避开与上述两种有建设性的交谈相反的巨大力量，如习惯性防卫等，这些使我们及他人免受威胁与窘困的习惯性互动方式，它将阻碍我们的学习。比如，在面对意见冲突时，团体成员往往不是折中妥协，就是争得你死我活。当解开学习性防卫的症结时，便可发掘出原先不曾注意到的学习潜力。

最后，管理者应为组织建立一个鼓励和开放的环境，以避免一些影响学习的因素出现。官僚主义作风必须加以剔除，作为管理者更应该以身作则，成为持续学习的样板。

学习型组织的成长具有一定的生物生长特征，组织的学习必须自己完成，所有外界的组织和人员都只是提供参考。咨询公司、专家教授都只是建议提供者，深刻的变化一定是在组织内部产生的，一定是在员工的内心成长起来的。这就是学习型组织的核心。竞争对手可以获得资本、劳动力、原材料、技术、知识、专利、人才……但没有人能够购买、复制和清除一个组织的学习能力。这是一个企业最重要的能力。因此，建立学习型组织，对企业来说是有着极其重要意义的。对员工来说，只有每一个员工积极学习，他们所在的组织才能成为学习型组织；同时，在学习型组织中的每一个员工也会得到更快的成长。这是一种无形的培训。

对新员工做好岗前培训

企业在新员工上岗以前,就应该向新员工提供一个岗前培训。这个培训的内容应该是关于企业的基本情况,以及员工即将就职岗位的情况。比如员工的工资如何发放,加薪和晋升都有哪些制度,工作时间和工作量以及新员工将会与哪些员工共事等。对新进员工进行岗前培训非常重要,因为它是将新员工职业化的一个重要组成部分。

新员工培训即为新进入企业的员工指引方向,使之对新的工作环境、条件、工作关系、职责、内容、规章制度和组织期望有所了解,使其尽快地融入企业并投身到工作之中进行的培训。成功的新员工培训可以起到传递企业价值观和核心理念,并塑造员工行为的作用,为新员工迅速适应企业环境并与其它团队成员展开良性互动打下了坚实的基础。

丰田汽车在给新员工进行岗前培训方面一直处于行业领先地位。每当新员工到丰田报到的时候,都会接受丰田公司为其提供的岗前培训。这项培训包括丰田公司的理念、历史,丰田公司的技术和产品,以及员工在丰田公司应该具备的一些基本常识。

比如,一个即将在丰田公司从事商务工作的新员工到丰田公司,就会接受岗前培训。他也会被告知应该具备什么样的礼仪,以及他的工作方式应该是什么样的。还有一些关于工作方面的指导,包括应该怎样开展工作,岗位的现状和未来的发展计划等。不仅如此,为了让新员工尽快适应公司的环境,丰田公司还推行了特殊的"师徒制度",让新员工用最快的方式融入到丰田公司。

丰田公司的岗前培训除了给新员工提供公司背景等知识外,还改变他们的理念。让员工接受丰田式的质量观、团队精神、个人发展以及相互尊重等,这个过程一般都会持续四天。

岗前培训的第一天,简单概括训练内容。早上6:30,公司会对新员工表示欢迎,然后简单地介绍上岗前培训的内容。花一个半小时的时间与他们交流公司的文化和历史;用两个小时的时间讨论公司的福利;再用两个小时讨论丰田在质量和团队精神方面的政策。

第二天的培训主要是向新员工灌输沟通思想。向新员工强调相互尊重、开放式沟通和团队精神的重要性。除此这外还包括安全生产、环境事项,以及丰田的生产系统、公司图书馆等内容。

第三天的培训主要是在第二天的基础上加强沟通训练。

第四天的培训内容发生了变化,侧重点放在了团队精神上。上午的课程是团队训练、丰田的系统加入等。下午的课程包括防火、灭火等训练。

经过丰田公司四天的岗前培训,新员工们开始逐步接受丰田公司的理念,并且很快地适应了丰田公司的环境,并利于他们在熟悉的环境下发挥自己最大的潜力。

丰田公司利用上岗前的培训对员工进行教育引导,使新员工顺利地从一个局外人变成公司的一员。也正是以上举措,让员工感到了公司的细致及对自己的关心,从而乐意留在公司为公司并付出自己的努力。

在企业管理中,有些管理人员认为岗前培训只是走走过场,事实并非如此。要想为新员工设计出一个有效的岗前培训,是要付出一番努力的。在这里向广大人力资源管理者提出几点实用性较强的建议。

1.培训开始在录用之前

在招聘时,管理者就应该有意识地开始对目标人选进行“上岗前教育”。在招聘时,管理者可以向未来的员工介绍企业的背景及经营理念,特别是对招聘岗位的要求等。这个阶段其实是岗前培训的开始。一旦申请人接受了这份工作,公司就应该与其保持密切的联系,一直到该员工报到上班。比如给员工发一封言辞恳切的信或者是寄几份公司的内部杂志,或者是管理者给员工打一个电话,这都是不错的选择,让新员工感到企业对他的加盟很满意。

2.做好报到第一天的工作

每个新员工到企业的第一天,难免会紧张并且带着各种疑虑。这时,管理者应该亲自迎接新员工,并且要和他们就第一天的安排展开讨论,为岗前培训做好准备。一般来说,第一天不能安排太多的内容,绝大部分新员工只能接受一小部分内容,信息量过大会让他们在下班以后感到不知所措。

3.选择多种培训方式

传统的培训方法大多以培训师授课,新员工听课为主。但是,随着社会的发展,这种培训方式已经不能够解决所有的问题了。因此,管理者除了选择传统培训方法以外,还可以采用角色扮演法、情景模拟法、小组讨论法,以及计算机辅助等方法。这些都是很常用,也很有效的培训方法。

注重在工作实践中培训员工

树需栽培,人待培养。人才成长的基本规律证实,人的品质的成长与进步除了自身素质和主观努力外,处在良好的环境中并得到组织的正确培养,也是一个很重要的因素。因此,管理者的职责之一,是在用人的同时,不忘有意识地进行培养教育。只培养不使用,这种培养毫无意义,相反,只使用不培养,则是领导的一种失职。

当然,管理者只有育才之心是不够的,还应研究、掌握育才之术,即育人的有效方法。要自觉地在工作中循循善诱,启发引导,言传身教,潜移默化;要注意为员工施展才能和成长进步提供必要的条件及环境;要在员工困惑与遭受挫折时,及时给予支持与帮助;要不断给员工施加工作压力，以防止他们骄傲自满，固步自封；要允许和提倡员工犯“合理错误”，让他们在磕磕碰碰中成长进步。

培养人的方法有不少，培养人的途径也很多，但最有效的培养是工作实践，没有什么培养场所比工作岗位更理想。通过具体的工作进行有目的、有针对性地培养，才可称之为真正有效的培养。工作即是培养，培养又是工作，这本身就体现出一种辩证观。

善于育才的管理者，一般都能把员工的每项工作巧妙地当作培养人的活教材。不善于育才的领导，没有这种自觉意识，想到的只是尽快完成工作任务。两相比较，前者尽管比后者耗费更多的时间和精力，但随着时间的推移，两种做法的效果会有天壤之别。

所谓在工作中培养，可根据实际工作需要调整分工，让员工去从事未干好或没接触过的工作，促使其开动脑筋、积极思考，从而提高工作能力。同时，也可以从工作实践中发现其缺点和弱点，采取有针对性的培养措施。例如，要培养员工过硬的思想作风，可安排他到艰苦岗位、复杂环境和涉及员工切身利益的场合进行锻炼。通过考验，看他们是否具有公仆精神，是否具有实事求是、说真话、不图虚名、做实事的品德，是否具有大公无私、坚持原则、不讲关系、讲党性的品德。在此基础上，再进行有的放矢的培养教育。

对那种已经大体熟悉和掌握现岗位工作要领，能较好地完成工作任务的员工，要不失时机地交给他新的工作，同时进行适度地指导。对陌生工作感到畏难的员工，要教育他们树立“只有做才能提高能力”的观点，树立全力以赴、全心全意投入新工作的思想，并在他们取得进步和成功时，及时给予鼓励和表扬。

人才不是天生的，人的成长和进步离不开实践培养和锻炼。实践的过程，既为他们提供了广阔的舞台来充分施展聪明才智，同时也有利于人才的竞争选拔，使每个人都进入紧张的竞技状态，激发调动起员工内在的动力和积极性，促成其内在潜力地释放。经验证明，如果一个组织人人讲效率，这个组织中每个成员的工作能力、工作效率就会得到快速的提高。

德国诗人歌德有这样一句著名的格言:“工作若能成为乐趣,人生就是乐园;工作若是被迫成为义务,人生就是地狱。”此话虽然有些极端,但强调乐趣和兴趣与工作的关联性,是有道理的。

在培养人的过程中,如果把工作搞得单调、枯燥、乏味,培养效果难免事倍功半。并不是每个人都喜欢和习惯于工作,有的是迫不得已,有的是出于无奈。因此,培养人要设法增加工作的趣味性。人人都喜欢娱乐游戏,如能设法使工作类似于游戏,将有助于提高人的工作热情,继而提高工作效率。

通过观察分析我们发现,员工对工作的态度主要有两类,即热爱和厌倦。热爱工作者把工作看成是一种享受,乐在其中,一旦中止工作则惶惶不可终日。厌倦工作者却把工作视为一件苦差事,并想方设法减轻和逃避这种工作。

心理学家经研究证实:热爱和沉醉于工作中的人,激素分泌十分旺盛,工作意愿更加强烈;而厌倦工作的人,激素分泌则逐渐下降,结果在情绪上郁郁寡欢,精神上很容易疲倦,对工作越发讨厌和腻烦。

管理者的任务之一,就是千方百计使那些对工作提不起精神,缺乏热情的人发生转变。以跑步为例,如果无目标、无计划地去跑,只能使人感到乏味,即使没跑多远,也会使人感到十分疲惫。若是预先告知跑的距离,以及到达终点后的荣誉和奖惩,自然会引起人的兴趣,使单调的跑步成为一种追求和享受。联系到具体工作上,就是让员工参与制定工作目标和计划,让每个人了解个人在整体工作中的作用与影响,这样便会使工作充满吸引力。

有人认为,培养人的正宗办法是送出去培训深造,或者是专门系统地讲授书本知识。其实这是一种误解,因为以上所谓“正宗”的培养虽有作用,效果却十分有限。从某种程度上说,这只是一种脱离实际的、象征性的模拟训练,充其量不过是培养人的一种辅助手段。

书本知识传授和集中训练不管多么完善,也很难保证育人的效果，因为从书本上只能学习原理、道理，只有在工作实践中才能学到本领和技能。书本往往只能回答理论上究竟为什么，实践才能解答是什么、怎么做，从这个意义上讲，在工作环境中实践，才是真正的大课堂。在这个课堂中，有学不尽的内容，有学不完的教材；在这个课堂中，才能学到真本领，不断增长才干。经过这样的反复敲打，再外行的员工也会有一技之长。

鼓励员工自我培训

马斯洛的人类需求理论告诉我们，人的最高需求是自我实现，也就是自我的管理。要想达到完全意义上的自我实现，我们离不开每日的自省与自励，只有每日坚持自我学习，坚持每日进步，每日修炼，才能不断超越自我，在迈向成功的路上抓住机遇，达到自我实现的目标，这就是我们这里所说的自我培训。

自我培训的一般含义是自己做自己的老师，自己给自己讲课，对自己进行训练，达到教与学的统一。其深层含义是在私人教练的亲临指导下，按照私人教练的一套方法对自己进行全面的训练和包装。这是一种流行于西方企业界高管人群中的一种训练和培训方法。举个例子，中国篮球明星易建联，2007年NBA选秀大会上第一轮第六顺位被密尔沃基雄鹿队选中。然而，因其内线外飘投篮的单一打法，很快就被密尔沃基雄鹿放弃并交易到了新泽西网队，虽然，他篮下技术有所提高，但又因其身体单薄容易受伤，而被媒体称作“玻璃人”。于是，他又被交易到了华盛顿奇才队，就在这个夏天，易建联经过自我培训、刻苦训练，2010年土耳其男篮世锦赛上，他重新走进了人们的视线，以灵活的步伐，精准的投篮，超强的身体对抗能力和出色的篮下单打技术震惊世界，以场均得分第三，篮板数第一的豪华数据嘲讽着篮网的愚蠢。

有人欢喜有人愁，华盛顿奇才称他们拣了一个大便宜，并快速地以5年3500万美元的合同与易建联续约。这就是自我培训的好处。

自我培训的方法很多，企业员工可以根据自己的实际情况具体实施。下面简单介绍几种方法，以供参考。

1.周六的员工课堂

一般企业的周六、周日是休息日，我们可以专门拿出一天的时间，组织员工学习。学习的方式有很多，可以是员工就自己的本职工作谈感受、谈体验。每个人都是自己本职工作的专家，而往往自己的“本职工作”很少被别人了解，这也是我们许多企业的弊病所在，因此，这种交流就显得十分重要了。

2.鼓励员工学习深造

企业可以不失时机地出台一些政策，鼓励员工继续深造，并且对员工深造的成果进行奖励，形成人人学习、人人追求上进的良好局面。

3.积极利用国际互联网

我们现在处于一个信息爆炸的时代，而互联网恰恰是信息传播最广泛、最及时的一个媒介。我们所需要的大量信息都能很便捷地从中获取，如能很好地利用，将给员工打开一扇通往信息的天窗。现实的情况是，很多企业想方设法控制员工上网，以防员工上班时间做与工作无关的事。殊不知，这一“控制”也使员工丧失了与外界接触的重要机会。其实完全没有必要，互联网本身就是一个信息共享、联系外界的工具，只要企业采取适当的办法，进行适当的引导，就能发挥互联网的强大优势。比如确定合适的开网时间，到开网时间，工作任务不急的员工可以查阅资料、阅读新闻、浏览信息等。

4.充分利用局域网

现在一般的企业都设立了局域网，这是一个很好的信息分享的工具和平台，它可以广泛地收集各方面的信息，因此管理者要鼓励员工登陆局域网，阅读和提供信息。局域网是企业信息化发展的又一个强大的工作平台，利用的好坏在于企业是否正确引导，所以这也是员工自我培训的一个很好的手段。

5.鼓励员工读书

书籍是人类智慧的结晶,是专家经验的总结。自我培训除私人教练外,最好的老师就是书籍了。读书的过程就是和专家对话的过程,在这个沟通过程中,你花了时间与金钱购买了专家的书籍并阅读,你就购买了专家的知识和经验。书中专家会将自己的成功心得和做法向你娓娓道来,你只须认真倾听并信任和实践它。

6.树立模范,竞争超越

模范是比一般员工做得优秀的人,每个行业里都有成功人士,都有专家,这些人都是值得我们学习和赶超的。只要是比我们做得优秀的人,我们就要向他们学习,不管最终结果如何,关键在于我们超越的过程以及过程的坚持。

7.坚持不懈,全面发展。

坚持不懈,就是要有滴水穿石般的韧劲;全面发展,就是以个人修养道德水平为基准向外发展。长期坚持,必有成就。

培训作为一种激励手段对员工保持持久的工作热情和工作能力是非常必要的。但是,企业毕竟资源有限,整天忙于生产经营,能够用于培训员工的人员、时间、精力都非常有限,大部分企业所能够组织的只是管理人员的培训,甚至有些企业不具备培训能力,无力培训员工,所以自我培训就显得尤为重要。然而,自我培训的根本含义是激励员工自我学习、自我追求、自我超越。要想真正实现员工的自我培训,企业必须做好各方面的准备,建立健全的培训激励机制,从制度上对员工的自我培训进行激励。例如,对员工的技能改进、学业晋升实施奖励,给技能水平达到一定高度的员工晋升职务,通过各种形式的竞赛、活动,对员工进行确认和表扬等,都是不错的手段。

特别培训让员工尽情发挥潜力

培训是一种有组织的知识传递、技能传递、标准传递、信息传递、信念传递、管理训诫行为。意在让员工通过一定的教育训练技术手段，达到预期的水平提高目标。这样不但提高了员工的技能而且调动了员工的生产积极性，使其在同样的条件下能创造更多的效益。

培训的方式有很多种，诸如岗前培训、在职培训、离职培训、学徒式培训，等等。这些传统的培训方式相信管理者已经耳熟能详。事实上除了这些“正规”的培训之外，还有一些方法同样可以提高员工的技能、增加他们的知识，它们表面上看不似培训，所以我们称之为“特别”的培训。

1.独立式培训

独立式培训就是让培训者独立完成一项具有挑战性的工作。听起来不像是培训，但是这种潜在的培训价值很快就会在员工工作中显露出来。在整个工作中，员工必须合理地安排每一个工作步骤：在什么时间达到怎样的目标；决定采取哪种工作方式，哪种技能；当工作中遇到困难的时候，他得自己去想办法，拿出一些具有创造性的解决方案。这种培训方式意在培养员工独立思考的能力和他的创造性，有利于促进培训者为独立完成工作去学习新的技能，迎接更大的挑战。

2.贴身式培训

这种培训是安排培训者在一段时间内跟随“师傅”一起工作，观察“师傅”是如何工作的，并从中学到一些新技能，培训者如同“师傅”的影子。这种培训方式在需要手工完成任务的领域较为常见，它不仅锻炼了员工的动手能力，还提高了他们的观察能力，增加了他们的学识。

3.度假式培训

有些公司通常会允许或安排某些业务骨干每星期有一天或者半天不到公司上班，让他们到工商管理大学去学习短期培训课程，并希望他们学成后，能够将这些理论知识应用到工作中解决实际问题。这就是我们所谓的“度假式培训”。员工通常也会利用这个“假期”获得相关的资格证书。

4.开放式培训

这种培训方法给接受培训的人以较大的自由，培训者可以自由地选择学习的时间和学习的内容。学习的内容根据工作需要可以是管理课程，也可以是计算机编程方面的知识，或者是他们感兴趣的、对他们在工作中有用的一些知识。他们可以到图书馆里去自修，还可以请公司的业务顾问帮忙。有的公司甚至要求培训者在一段时间内阅读一些与他们工作相关的书籍，然后在公司的培训会上讲演。

5.轮换式培训

在某些公司，我们通常会看到这样一个现象：一位经理前两年在公司的一个部门任职，而接下来的两年，却转入另一个部门任职，这就是我们所谓的“工作轮换”。它适用于大大小小的公司。一般公司规定一两年内某些管理者的岗位就可以轮换一次。到那时，新的岗位、新的职位、新的员工、新的问题，一切从头开始，这样做有利于培养出全能人才。

6.游戏式学习

专家们指出，企业培训不能搞得死气沉沉，只要企业能为自己的员工教育项目注入更多乐趣，尤其是使培训更具游戏色彩，就能加深受训员工的印象，从而收到更好的培训效果。在思科公司有一门专为其公司员工和外来学习者提供“网络专业人士”认证培训的课程，该课程借助游戏方式传授建立存储设备共享高速互联网的基本知识。这款名为“SAN(存储局域网)漫游者”的游戏可以强化学生们在课堂上和通过阅读获得的技能，游戏自推出以来被运用了多次，效果很好。这让越来越多的人认识到了游戏在企业培训方面是有用武之地的。游戏让员工忘记了学习是件苦差事，而以一种放松的心态在娱乐中学习。

除了以上所述，还有一种更为特殊的培训，叫拓展训练。它起源于20世纪40年代的英国。当时，许多英国军舰在遭到德国潜艇袭击后沉没了，少数人顽强抗争，坚持到最后，在灾难中幸存下来。后来人们发现，这些幸存者并不是体能最好的人，而是求生意志最强的人。于是拓展训练的独特创意和训练方式逐渐被推广开来。

随着新经济时代的到来，拓展培训逐渐风靡全球。与传统的知识培训和技能培训不同，拓展培训主要是在青山绿水之间，通过野外训练，加强员工与企业的沟通与信任，营造良好的团队氛围，挖掘员工潜力，熔炼团队精神。

近年来，拓展训练开始在我国流行开来，尤其是那些平时工作压力大、知识密集型的高科技企业，都竞相组织员工到野外参加这种拓展式培训，利用崇山峻岭、瀚海大川等自然环境，通过各种精心设计的活动，在解决问题、接受挑战的过程中，达到“磨炼意志、激发潜能、陶冶情操、完善人格、熔炼团队”的培训目的，这是一种现代人和现代组织全新的培训方法。

这是个性张扬的年代，这又是需要团结协作的社会。通过拓展训练，大家相互信任和鼓励，没有个人英雄主义，只有团队的胜利。当所有的队友把手放在你的肩上时，使你感觉到青春的热血在心中澎湃，自己的能力又一次得到完美展现。而培训师对人生的精彩诠释则印在员工的灵魂深处，使员工在工作中充满激情，充满活力，坚韧不拔，永不懈怠。

秘诀八

解决“受限”问题

现代职场中,有许多员工抱怨领导管得太多,整天像影子一样跟着自己,指手画脚。他们感觉工作起来没有一点自由度,缩手缩脚,很是施展不开,不仅工作受到了很大的限制而且还有种不被信任的失落感。如此一来,员工的积极性必然受到打击,进而产生跳槽离职的想法。要想解决这一问题,领导就要学会授权。成功的管理者懂得“越放权,自己手中的权力越大”这一道理。

企业离开你照样转

管理者是什么？“管理者就是自己不干事，让别人拼命干事的人。”一个人的时间、知识和精力都是有限的，如果你想使工作更富有成效，就必须向下属授权。要知道，地球离开谁都照样转，这个企业离开你也照样转。做领导，千万不可学诸葛亮那样事必躬亲，大包大揽，结果累坏了自己，也限制了下属。

现代职场中，有许多员工抱怨领导管得太多，整天像影子一样跟着他，指手画脚。他们感觉工作起来没有一点自由度，缩手缩脚，很是施展不开，不仅工作受到了很大的限制而且还有种不被信任的失落。这样的领导真的是出力不讨好。

不管哪一级负责人，只要他主持一个单位、一个部门的工作，他的主要精力、工作的主要方向都必须集中在战略运筹，即决策上，否则这个单位或部门就不会有大的发展变化，或者误入歧途。没有“目中无人”、“日中无事”的超脱，就没有正确的战略决策。现在我们许多领导者分不清，也分不出什么是战略运筹的事情，什么是战术操作的事情，往往把一些属于下级战术操作的“大事”拿到自己的日程上来。

许多领导人最难接受的事情就是授权下属代他办事。艾森豪威尔曾经简练地讲到这一点——当总统后必须克服的最大困难是学会在一封拙劣的信上签字。

忙于日常事务，什么事都不放心、什么机会都要出头露面、什么事都要过问的厂长，用人老是疑心的厂长，绝不是一个好厂长。他可能只是一个怨天尤人、居功诿过的庸才，充其量不过是个“将才”，绝难当“帅才”，更难给企业带来根本的变化。

有些领导者缺乏必需的社会信息，不懂得社会已经发生了深刻变化，感觉不到社会竞争带来的巨大压力，自以为个人可以胜任有余。他看不到别人的长处，不信任部属。这种把思维和行为都封闭起来的人，过去可能还是个“将才”，但他一定是在向“庸才”过渡。事必躬亲是不得人心的。侵夺下属的工作权，就是侵夺他们的成长权、成就权，这是最本质的。而缺乏对下属的信任，失去下属的信任感，则是最可怕的。

在领导者要掌握的技能中，放权恐怕是最最重要的了。这是一种通过别人来获取成功的能力。放权，既是领导者履行职务的尺度，也是他们行使职权的手段，不论从哪个角度看，都是至关重要的。作为领导者，一旦职务要求超过了他个人的能力，那么成功与否的关键就在于他有没有能力通过下属来发挥以一当十的作用。

日本企业界最成功的领导人不是整天团团转，事无巨细地向下级发号施令，而是仅给下级一些总的方针，潜移默化地向他们灌输企业发展理念，帮助他们做好工作。抱着这种态度，下级会取得更多富于创造性的业绩，思路会更开阔。

领导层次越高越要注重授权。一则他面临的事情多，二则他承担的责任大。因此，即便领导不满意下属的工作，也必须下决心授权给下属。自然，这种授权以不危及全局为限。一方事业的成功，从来就不是那一方领导人个人的功绩，他只能是一个代表人物，但许多当事者并不真正承认这一点。

里根说：“只要你决定的政策已在执行中，就不要去干涉他们。”罗斯福也说：“一位最佳领导者，是一位知人善任者，而在下属甘心履行其职责时，领导要有自我约束力量，不插手干涉他们。”

美国“环美”家具跨国集团老板莫若愚老先生喜欢下中国象棋。在闲暇时间他总要和公司的员工对弈几盘。在他的营销理念中，有许多与棋艺相通的精彩亮点。他认为公司经营成功，最重要的是人力。个人的能力有大小，但都有特长，也都有局限性，这特别像象棋中的棋子。他曾经对一位高级主管人员说：“用人像下棋，车往右一走，棋可能就输，往左一摆，就赢了。同样一个子儿，放对位置才能充分发挥能力。”

近40年来，莫老先生没有亲手签过一张支票，这是他“充分授权”用人之道的一个小侧面。他幽默地说：“具体事，我如果做错了，连骂都没法骂，让别人去做，我还可以保留骂的权力。”

超脱是领导工作的一个重要原则，可惜许多领导者并没有真正懂得这个道理。他们总放心不下，总要亲自去做认为只有自己才最胜任的事情，这指指，那点点，以示在履行领导者的职责，这是最失败的领导。

敢于授权，善于授权

社会的发展，要求现代的领导者要善于授权，敢于授权。

所谓授权，就是领导者将自己一定的职权授予下属去行使，使下属在其所承担的职责范围内有权力处理问题，作出决定，为领导者承担相应的责任。也就是说，领导者无须事必躬亲，下属可以完成的事情交给下属去完成，这样才能成为一个有效的领导者。

首先，授权是领导者抓大事、管全局的需要。

领导者之所以必须授权，这是由人的体力、精力所决定的。管理学家研究的结果表明，一个人的体力和精力是有限的，多数人在限度之内工作能出速度、出成绩，能够胜任；当任务超出了能够承受的能力范围后，工作起来往往力不从心，经常会顾此失彼。所以，管理学家主张在同一时间内只做一件事。而事实上，需要领导者处理的事情很多很杂，常见一些单位的领导者“两眼一睁，忙到熄灯”，结果成了忙忙碌碌的“事务主义者”。如何解决领导者工作任务多、工作时间少的矛盾呢？行之有效的办法是授权。领导者只对直接下属行使一定的权力，不包办代替和越级处理问题。这样就能够节约一定时间，用于了解情况，进行学习，联系群众，静心思考一些大事。

其次，授权是贯彻分层管理原则的需要。

只有授权，才能贯彻分层管理的原则，实行科学管理。现代化建设事业是纷繁复杂的事业，头绪多，范围广。在任何单位，不仅有着各项重大任务，而且有许多具体事务性工作。有些事情非常紧急，迫在眉睫，必须当机立断，及时去办；有些事情突然到来，不办不行，必须妥善安排；有些事情必须上下结合，共同去办。作为领导者，不可能也没有能力去总揽一切事务，必须把许多工作交由下属办理。领导者交给下属任务时，必须授予下属一定的权力，做到明责授权、事权分清。这就必须建立起合理的管理层次，并正确处理层次之间的关系，精心设计职位，再根据职位任职授权，实行分层领导。因此，授权是现代化建设事业所决定的，是管理工作的客观要求。

事实上，一个领导者要做到大事小事都办得很好，那是不可能的。重要的是领导者要有全局观念和战略眼光，在大事面前不糊涂，“议大事、懂全局、管本行”，这是一切领导者在工作中应该遵循的一条原则。一个有成效的领导者，应该是一位善于有效授权的领导者。领导者能不能分清和正确处理大事与小事，有无勇气大胆授权，是管理工作有无成效或者成就大小的关键所在。

我国早期的军事名著《孙子兵法》中在讲“制胜之道”时指出：“将能而君不御者胜。”就是说将帅有指挥才能而国君不加牵制便能打胜仗。汉刘邦本来只能带兵10万，而他的部下韩信却“多多益善”。刘邦能够正确运用韩信的长处，授予他统兵权而不加牵制，因此韩信能率百万大军，战必胜，攻必克。这一故事告诉我们，如下属有能力去执行任务，领导者应赋予他们一定的权力，不干预或牵制他们的行动。只有这样，领导者才可以充分调动下属的积极性，发挥下属的才能，才有利于工作目标的完成。

最后，授权是调动下属积极性的需要。

随着现代化建设事业的发展，被领导者已不再是小生产式的体力劳动者，而是具有现代化科学文化知识的脑力劳动者了。如何调动他们的积极性,使他们自觉地为共同目标而奋斗,是现代领导者提高工作成效的一个关键。授权是一种有效的方法。

领导者要敢于授权,这需要一定的胆量和谋略。

阳虎触怒了鲁国国君,被驱逐出境。他跑到赵国,赵王十分赏识他的才能,就拜他为相。有近臣向赵王劝谏说:“听说阳虎私心很重,怎能用这种人处理朝政?”赵王答:“阳虎或许会寻机谋私,但我会小心监视,防止他这样做;只要我拥有不致被臣子篡权的力量,他岂能伤害到我呢?”赵王在一定程度上控制着阳虎,使他不敢有逾越。阳虎则在相位上施展自己的抱负和才能,终使赵国威震四方,称霸于诸侯。

领导者要精于授权。领导者是部门的行政长官,处于部门中心地位,在权力的运用上,应做到大权独揽、小权分散。

西汉丞相陈平,有一次皇帝问他:“全国一年判决多少案件,收多少钱粮?”他回答:“这些事,可问主管部门。丞相只主管群臣,不管这些事。”

日本松下电器公司在集中统一领导下的分权管理,曾被美国人誉为“东洋魔术”。松下电器公司从1932年起实行“产品分类事业部体制”,以后又不断完善这种体制。在这种体制下,各事业部有极大的经营管理自主权,在规定资金使用范围和获得利润额的条件下,对所管产品的开发和人、财、物与产、供、销有权自主经营,全面管理。总公司不干涉事业部部长的正常工作,这样就大大激发了事业部的积极性。

可以说,授权是一种重要的用人艺术,是分层管理的需要,是成就事业的必要手段。大胆授权对领导者来说,既是必要的,也是有利的。它可以使领导者从琐碎的日常事务中解脱出来,专心处理全局性的重大问题。可以提高下属的工作积极性,增强他们的责任心,发挥其特长,提高工作效率。凡是高明的领导者,无不精于授权。

大事拍板，琐事不管

身为领导者，事必躬亲不好，做甩手掌柜也不行。因此，处理好集权与分权的关系至关重要。在这个问题上，领导者的正确态度应该是大事拍板，琐事不管。只要领导者把握分寸，运用得当，这绝对是一种管理下属的好方法。

美国总统里根，即使不支持他的人也会承认，他在任期间取得了显著成就。这完全归功于他的领导原则，其突出特点是精于决策，善于组织才干去实施决策。他认为，他的作用是为政府指明方向的，而不是一个不放手的经理人或谋士，他把日常工作都交给下属去做，而把注意力集中在一些重大问题上。这是里根取得成功的要领之一。

里根从不过问细节。但在重大问题上，他搜集可以帮助作出正确决策的足够信息。在作每一个重要决策前，他都要求秘书办公室为其准备一份两三页的备忘录，概要列出各种选择及其利弊，并详细说明主张采取哪些方案；有关机关还准备了内容较详细的文件，里根对这些文件一一阅读并熟记，随时召集有关人员开会，对问题进行辩论。他对听取不同意见的激烈争论有极大的耐心。里根依赖工作人员的分析，加上自己的判断力作出决策，关键时刻还站出来向国会和选民发出呼吁，并提出某项计划的战略意见，以便求得支持。

他曾对美国《幸福》杂志记者说：“让那些你能够物色到的最出色的人在你身边工作，授予他们权力，只要你制定的政策在得到执行就不要去干涉。”他对自己的职责有明确的设想，但也经常地、手段巧妙地作出妥协，避免纠缠枝节问题。集权与分权的正确处理让他的工作卓有成效。

当今世界，由于科学技术的革命，社会化大生产的高度发展，领导者面临着许多新情况、新问题，如决策目标规模大、结构复杂、功能多样且变化迅速；决策所依据的信息量大而多变，具有极大的不确定性即新颖性、模糊性、随机性，要求领导者具有更敏锐的统率全局的能力，来制定出未来战略性的决策目标；至于决策的实施，则就放手由下属即执行人员去具体执行，因为“真正的领导者不是事必躬亲，而在于他要指出路来”。而当好“指路人”的关键，就在于集中精力抓大事，大事精明，方向明确。

领导者需要集中精力抓的大事，是决策的制定和推动决策的实施。而礼仪性的迎来送往、事务性的日常活动、操作性的规章程序等，只要不是与组织的大政方针直接相关的事情，对领导者而言都是“琐事”，都应尽量避免亲自处理、亲自裁决，不能因琐事而干扰领导者对大事的全局性把握和决策。目标的索尼公司规定领导人每周有一定时间不办公，用来闭门“思考”。这对领导者集中精力抓大事，更好地决策，做到方向明确，推动决策的实施，是十分有益的。

作为一个单位的领导人，哪些是你应该拍板的“大事”呢？

1.最后决策权

领导者可以在一定范围内授予下属承担一些制订具体行动方案的决策权，但应该保留对该系统工作前途或该项工作任务、结局的最后决策权。特别是当该项工作的最后目标发生意见分歧时，领导者要能够根据你所拥有的权力，正确综合全局，权衡利弊，当机立断，作出最后决策。

2.人事任免权

特别是对直接下属和关键岗位的人事任免权，领导者必须保留。而且人事方面的决定(评估、晋升或者开除)通常来说，是很敏感的，而且往往难以作决定。一旦有些人事工作需要保守秘密，那么这项工作和职责就应该领导亲自行使。

3.关系协调权

领导者必须保留对直接下属之间相互关系的协调权。协调下属之间的关系是非常重要的，也是其他下属所不能替代的。

4.机密的事务

分析工作分类和薪级范围看上去很花时间，这似乎是首先可授权的工作。但由于牵涉多方面的利益，所以应该是领导自己做的工作，不适合授权。

5.培养直接下属

作为一名领导者，培养你的直接下属，不仅有利于你的工作的展开，而且也是你的职责。

6.危机处置

危机会不可避免地发生。假如发生危机，领导者应该亲自坐镇，制订应对方案，很多事情都应该亲力亲为，这不是你该授权的时刻。当处于危机的时候，领导者要保证自己在现场起一个领头的作用。这样，有利于稳定人心，避免事态进一步恶化，为解决问题赢得宝贵的时间。

7.一些特殊事情

对于一些特殊的事情，最好不要授权给下属，而应该亲自做。比如，上司分配给你亲自做的事情。你的上司叫你亲自做一件事情，通常会有他特殊的理由。如果你认为将它授权给你的一个下属去做更为合适的话，应先和你的上司商量一下，弄清楚他是要你做还是叫你给别人做。错误的理解可能会使你和上司之间产生误会。因此，对这种事要与上司沟通，应该谨慎，千万不要自行其是。

以上是大事，其余例如决策的执行、执行的方式与过程都是小事，领导应放手让下属操作。把握住了这个原则，也就达到了理想的领导效果了。当然，实际工作当中，还会有意外，就应当其体情况具体处理。但要注意不能让权力失控，威胁到自己的领导地位。

给员工一定的管理决策权

在科学发展“以人为本”的今天，越来越多的主领导者意识到，若想让企业不断地发展、前进，自己就不能成为那个高高在上的专制君主，而应在企业内部发挥民主作风，把一些权力交给员工，让员工参与管理和决策，这样才会产生惊人的力量，达到双赢的结果。

成功的领导者都非常重视“员工参与管理”。他们认真听取员工对工作的看法，积极采纳员工提出的合理化建议。

员工参与管理，会使工作计划和目标更加趋于合理，并增强员工工作的积极性，提高工作效率。

为了改善企业的经营管理，柯达公司创始人伊士曼很重视听取员工的意见。他认为企业的许多设想和问题，都可以从员工的意见中得到反映或解答。为了收集员工的意见，他设立了建议箱，让员工参与企业管理。这在美国企业界是一项创举。企业里任何人，不管是白领还是蓝领，都可以把自己对企业某一环节或全面的企业管理的改进意见写下来，投入建议箱。企业指定专职的经理负责处理这些建议。被采纳的建议，如果可以替企业省钱，企业将提取头两年节省金额的15%作为奖金；如果可以引发一种新产品上市，奖金是第一年销售额的3%；如果未被采纳，也会收到公司的书面解释函。建议都被记入本人的考核表格，作为提升的依据之一。

事实证明，合理的授权能大大调动下属的工作积极性，提高管理效率。放一点权力给员工，这比单纯增加薪水更让他们觉得舒服。

每一个人都喜欢自己作决定，而不愿听命于别人。况且，给予一个人权力，也就相当于为他的成长提供了机会，他会认为，你确实对他的事业发展感兴趣，而不是不管不问。这足以激起他的斗志，使他全身心地投入到工作中去,格外努力地完成你授权的任务,让你、让他自己都满意。

企业要想更充分地发扬民主,为企业创造效益,仅仅让员工参与管理、提出建议是不够的,还应该鼓励员工参与到工作目标的决策中来。

领导者每天都需要对许多事情作出决策,一些看似简单或无关紧要的决策,实际上却异常重要。宾馆、餐厅、医院、航空公司等服务机构的员工每天需要作出无数决策,研究单位、装配厂、钢铁公司、软件公司、电信局、商业会计事务所、火车生产线的员工们……也会面临决策。尽管不同的企业有不同内容、不同程度的决策,但是,他们仍需要就出现的问题做决策。例如,对面前的事是想办法解决,还是顶回去?对生产线出现的问题是关注,还是随它去?对客人报以微笑,还是冷漠地做“好”本职工作?尽管有些时候一些决策“看不见”,但企业管理层绝不能忽视它们。

不论是什么类型的企业,每个员工都需要作出决策。因此,领导者应当适当放权,一方面,让员工感到自己是企业的重要组成部分;另一方面,培养员工处理问题的能力,在问题刚出现时能够及时给出恰当的决策,并立即行动。

所以,领导者一旦授权,就应给予员工充分自由度,包括给他做决策的权力。

前北欧航空公司最高副业务主管詹·卡尔佐经统计发现,第一线的员工每年需做出大约17万个大大小小的决策。当他升任最高业务主管时,企业每年的客流量已经达到1000万,员工与顾客的接触机会达5000万次。因此,员工的服务状况将直接影响企业的效益。他说:“员工每天作出的决策会产生正面效果和负面效果,我们应尽量避免负面效果。可以说,这是决定公司成败的关键因素。”

但在实际生活中,许多领导者都不能把决策权充分授给员工,这是因为,他们尽管强调员工的决策具有重要作用,但由于这种作用几乎是无形的,大多数领导者便因此对员工的决策和行动进行直接而全面的监督、干涉和控制。美国的商业战略专家詹奎兹认为:每个员工任何时候都会作出决策,而这些决策与他们拥有的决策权和判断力有关。一个优秀的领导者应该适当放权,使员工的才能充分发挥出来,因为,员工对企业了解的程度绝对不比高级管理层差。

一些领导者认为,授权给员工作出决策,将使企业变得混乱不堪,无法管理。而设立的规则和管理层越多,对员工进行的监督越全面,给他们“胡想”的机会越少,越好控制局面,自己的决策才能贯彻下去。但是,有两个方面需要注意:第一,任何企业都不可能100%地控制员工的工作。在一定程度上讲,员工不得不使用自己的判断力。第二,全部控制员工的决策权只会产生最低效果。

随着现代化生产的发展,被领导者越来越不是小生产式的体力劳动者,而是现代科学文化知识的脑力劳动者了。体力劳动者可以按照简单命令行事,而脑力劳动者主要是运用知识和智力,这些人的工作积极性不是靠简单的命令就可以调动的。

因此,完全控制是不可能的。即便可能,在今天竞争激烈的商业环境中也不应该如此;否则,你将因为自己的管理失策而失去市场优势。应该说,如果要给领导学这个领域订立一个要遵循的原则的话,那就是给员工一定的管理权和决策权。

把权力授给合适的员工

管理界有这样一句行话:“有责无权活地狱。”你把权力授予给合适的员工,对你的员工来说是人尽其才,对企业管理而言是提高效能,这才是高明的领导者。

传说有个国王为了解闷,让人弄来一只猴子来给自己做伴。因为猴子天性聪明,很快就得到国王的信任和宠爱,国王甚至连自己的宝剑都让猴子拿着。

一天,国王到王宫附近的树林里去玩。他把所有的随从都留在树林的外边,只留下猴子给自己做伴。

国王在树林里尽兴地玩了一圈儿,感到有点疲倦,就对猴子说:“我想到那边花房里睡一会儿,如果有什么人想伤害我,你就要竭尽全力来保护我。”说完这几句话,国王走进花房就睡着了。

一会,国王头上飞来了一只蜜蜂,猴子一看就火了,心想:“这个倒霉的家伙竟敢在我的眼前蜇国王!”于是,它就开始驱赶。这只蜜蜂被赶走了,但是又有一只飞到国王身上。猴子大怒,抽出宝剑就照着蜜蜂砍下去,结果把国王的脑袋给砍下来了。

这则寓言对领导者的启示是深刻的,国王作为领导者的悲剧在于:将保护的权力授予了无法承担保护责任的猴子,就连一直尽职尽责保护自己的随从也被支开。正是这种不合适的授权,最终导致了悲剧发生。

在管理中一定要将权力授予能够胜任工作的人。为此,领导者要对员工进行深入地了解。如果发现有的员工工作能力很强,并且远远超出原来的预料,这些人就有可能具备担负重要工作任务的才能和智慧。简言之,授权给合适的人,是非常重要的,它会给企业带来意想不到的成功。

在明白上述道理之后,那么接下来,最让领导者担忧的当是授权给谁的问题了。这是授权工作的基础和关键一环。因为“授权给谁”的问题解决不好,不但难以出现预期的授权效果,反而会给领导者增添麻烦。领导者要警惕的一点是,不要让那些削尖脑袋、投机钻营的人骗取权力,以达到其不可告人的目的。如果想要授权“高效多产”,其成员必须要经过精挑细选。那么,领导者应该把权力交到什么人手里呢?以下几方面可供参考。

1.授给领导者不在时能负起留守职责的人

按理说，领导者不在，员工就应该负起留守的责任。当领导者回来，员工向他报告他不在时发生的事情以及处理的经过。如果有代领导者行使职权的事，就应该将它记录下来，事后写出详尽的报告。这样的员工是可以授权给他的。

2.授给准备随时回答领导者提问的人

当领导者问及工作的方式、进行状况或是今后的发展趋势，他必须能当场做出回答。同时，这样的人还必须掌握职责范围内的全盘工作，以便随时接受领导者的询问。

3.授给向领导者提出问题和解决对策的人

领导者通常由于事务繁忙，平时很难直接掌握各种细节问题。因此，员工必须向领导者提出所辖部门目前的问题，同时一并提出对策。以供领导者参考。

4.授给忠实执行领导者命令的人

一般来说，领导者下达的命令无论如何也要全力以赴，忠实执行，这是员工必须严守的第一大原则。如果员工的意见与领导者的意见相左，当然可以先陈述自己的意见。陈述之后领导者仍然不接受，就要服从领导者的意见。

5.授给提供信息给领导者的人

领导者与外界人士、其他员工等接触的过程中会了解各种各样的信息。这些信息有些是对公司有利的，有些是对公司不利的。员工必须把这些信息谨记在心，并把它提供给领导者。

6.授给适时请求领导者指示的人

员工不可以坐等领导者的命令，他必须自觉地做到请上司对自己的工作提出指示，并适时地积极求教，这样的员工才算是聪明能干的。

7.授给不是事事请示的人

适时请示与事事请示有本质的区别。能干的员工对领导者没有过多的依赖心。事事请求不但增加了领导者的负担，员工本身也很难成长。如果他拥有执行工作所需的权限，就必须在不逾越权限的情况下，凭自己的判断把分内的事处理得干净利落。这样的员工才值得领导者把更多的权力交给他。

8.授给勇于承担责任的人

有些员工在自己负责的工作发生错失或延误的时候，总是找出许多的理由。这种将责任推卸得一干二净的人，实在不能授权给他。员工职责范围内的工作，不管原因何在，都必须为过失负起全责。如果领导者问起错失的原因，必须据实说明，而不是找一大堆借口辩解。

现代企业管理中，有不少的领导者认识到将手中的权力合理地授予员工，使员工拥有更多控制自己工作的权力，这是企业发展的重要途径。但权力的使用向来都不是一件随随便便的事情，并不是每个员工都是权力授予的最恰当的人选，不是每个人都能够达到领导者所要求的目标，这就要求领导者必须深入细致地了解每一位员工，将权力赋予最适合的人。

把握好授权的时机与细节

一位决心授权的管理者就要进入授权实战了，在你的脑海中可能已经形成了一个授权的操作方案，而现在要做的，是选择一个适当的时机，这个时机的选择对于授权的效果可能会有显著的影响。这种时机既可能是一些特殊的事件，也可能是一些司空见惯的现象。把握这种时机，导入授权，能让部属切实感到授权之必要，避免授权过程中的生硬。

那么，什么时候才算合适的时机呢？管理者需要进行计划和研究而总觉时间不够时；办公时间几乎全部在处理例行公事时；正在工作，频繁被员工的请示所打扰时；员工因工作闲散而绩效低下时；员工因不敢决策,而使公司错过赚钱或提高公众形象的良机时;管理者因独揽大权而引起上下级关系不和睦时;公司发生紧急情况而管理者不能分身处理另一件事情时;公司业务扩展,成立新的部门、分公司或兼并其他公司时;公司人员发生较大变动,由更年轻有活力的中层管理者主持各部门、各团队工作时;公司走出困境,要改变以往决策机制,以适应灵活多变的环境时……

授权的关键就在于它能够在事业上给予员工们足够的发展空间。授权不仅可以轻松地激活你的员工,而且它的魅力也是管理者有目共睹的。

授权的导入需要有三个基本条件:一是管理者头脑中形成清晰的思路和完整的授权计划;二是选择恰当的时机切入授权;三是选择适当的形式宣布授权。选准了授权的最佳时机,还要注意许多细节,如果能对这些细节给予充分的注意,授权会取得良好的效果,我们把这些细节归纳为授权的八大要点。

1.管理者心态的自我调适

许多管理者不敢把权力授予员工,这主要根源于他内心对个人权威缺乏安全感,根源于对授权缺乏领悟。

2.引导各级管理者明白授权的必要性

如果管理层被限制从事一些技术性的工作,便无法充分发挥自己的潜能。管理者的绩效不是用本人的专长技术来衡量的,而是要看他们是否充分发挥了员工的能动性。

3.自上而下协调一致地授权

管理者应使管理层自上而下,对于授权有深刻理解,由老板开始做起,一直推行到最基层。

4.训导受权者

授权行动只有同时得到受权者的认同,才能真正顺利推行,获得成功。事实上,授权正是训练员工的一个好方法,应该引导受权者认识到,接受授权是个人追求进步的一个过程;让他们了解到,这新得的权力和附带的责任,会使他们日后成为好的管理人员。

5.让受权者明白该达到的效果

授权的管理者应该在员工前方树立一个具有诱惑力而又清晰可见的目标,让受权者明白上司期望的结果是怎样的。

6.了解员工的能力

许多管理者无法充分利用员工的潜能完成任务,这是很失败的管理,更是人才的浪费。管理者应时刻记住:员工是你宝贵的财富,深入地了解你的员工会给公司带来财富。

7.事先确立绩效评估的标准

管理者在授权的同时必须把绩效评估的标准订立出来并公之于众,这有利于协助部属和管理者双方适时地衡量工作成果。

8.给予适时的帮助

管理者对受权的员工负有的责任包括两个部分:其一是监督员工达到预期目标;其二便是在员工需要帮助的时候,及时提供协助。

松下幸之助说:“我身体羸弱,不能事必躬亲,但反过来说,我只要花一分钟就能把事情做好,这话怎么说呢?只要我有意图,然后下定决心,就等于已经成功了。下决心是社长的主要工作,与要不要战争由主将决定是同样的道理。”现代企业制度的建立,使得管理活动更具有复杂性和多变性,而善于授权、讲究授权艺术应成为现代管理活动的重要特征和追求目标,让自己的员工“动”起来,使授权的魅力淋漓尽致地展现出来。

只会自己包揽做事的管理者充其量是个“将才”,而非“帅才”。而将权力下放给员工,运筹帷幄、稳当坐镇、指点江山者才称得上是称职的管理者。这样的管理者才能实现企业的蜕变,提高自己的管理水平,引爆员工的无限潜能!

授权要做到权责统一

授权的前提是明确职责，这也是搞好授权反馈与控制的前提。若是职责不清，各司其事，就会不断发生摩擦，相互“扯皮”或“掣肘”，这是授权的大忌。权责统一，是授权的一个重要原则。领导者在授权时，一定要明责授权，做到权责一致。既不能让下级只承担义务和责任，而不提供权力保证；又不能只分配权力而不使其承担一定的义务和担负起一定的责任。正像有一句话所说的：“有责无权责任负不了，责大权小责任负不好，责权对等才能干得好。”

领导者在授权之后同时要把与此权利相应的责任授予给员工。当员工没有尽到自己的职责时，就要接受必要的惩罚。惩罚员工时要适度，过轻的惩罚不但达不到再次激励员工的目的，反而会挫伤他们的积极性。而过重的惩罚则可能使员工难以承受，甚至会出现员工跳槽的情况。因此，掌握一定的惩罚技巧，不仅是控制授权的方法之一，也是激励员工的方法。可从以下几点进行尝试：

1.领导者要先作承担责任的表率

员工没有完成任务或者完成的任务不够漂亮，在一定程度上也说明了领导者用人不当、检查不严或监督不力等。因此，不妨对失职的员工真诚地说声：“这里的责任也有我的一份”。如此，不仅能显示领导者的独特魅力，还能对员工起到极大的激励作用。

2.“杀一儆百”控制法

尽管很多人都不赞同这种方法，但是对于那些极端的因工作玩忽职守、人为因素造成的履行职责不力的员工，必须给予严厉的惩罚，或单独告诉被授权人被解雇了，或在开会时宣布其失职的责任并给予惩处。此举非到万不得已时最好不用。

一次，松下幸之助交给手下的厂长一项任务，但是这位厂长却把事情搞砸了。这令松下幸之助很生气，他暴跳如雷，破口大骂，边骂边用握在手里的火钳敲火炉，最后竟把火钳都敲弯了！同时，他嚎叫的声调与恐吓的语言交织在一起，致使这位厂长支持不住昏了过去。

待这位厂长清醒过来后，松下幸之助温和地对他说：“这火钳是为你而敲弯的，你可以回去了，但走之前，必须弄直它。”完成后，厂长走出松下公司的大门，只见松下幸之助的秘书已经遵嘱守在门口，等着护送他回家了。

秘书把这位厂长送回家后，又按松下幸之助的嘱咐，私下里告诉厂长夫人要注意厂长的举动，以免伤他自尊。第二天一大早，松下幸之助就给这位厂长打电话：“你是否还在意昨天的事？”并且还对这位厂长进行了安慰。

就这样，那位厂长不仅为自己的过错而内疚，而且对松下幸之助的恶骂也感到害怕，因此拼命地工作，并且尽量减少工作上的纰漏。一段时间之后，他终于成为了一名优秀的领导者。其他的员工也以此为戒，兢兢业业地工作着。

发火一向被认为是人不能控制情绪、心理不成熟的表现，但把愤怒当做一种策略来使用时，则是一种激励员工的手段。在这里，松下幸之助不仅骂得狠，而且收得妙，所以令员工钦佩至极，最后以自己的优秀工作表现作为回答。这不能不说是激励员工的一个方法。

3.采用暗追究的方式

对于那些工作确实尽了努力，但是由于受本人的能力所限而履行职责不力的员工，应该为员工保留自尊。让他们知道因其职责履行不善而给公司带来的损失，这样既能保留他们的面子，还能激发他们的责任感和积极性。

作为企业领导者，授权不是万能的灵丹妙药。在授权后，并非就万事大吉了，紧接着还需要有步骤、有目的地检查责任的落实情况，还要善于把检查、督促的过程变成对员工的“二次激励”。一旦做不好授权后的控制，将会使授权效果大打折扣。因此，要将授权和授权后的控制结合起来，这样才能使领导者垂拱而治，工作并快乐着，同时使员工发挥出其应有的能力来。

授权的同时要防止授权失控

授权是一把双刃剑，用得好，则披荆斩棘，无往不利；用得不好，则伤人害己、误时误事。因此，领导者在授权之后更应该加强对各项工作的全面管理，尤其要加强授权过程中的管理，努力提高授权的有效性。只有这样，才能达到授权的目的。

领导者将权力授予员工，不等于从此以后你就成了一个甩手掌柜。你还必须保留自己的必要权力，以控制授权，防止权力失控，避免出现诸如领导者的命令缺乏对员工的约束力，或是员工越权的现象。

从表面上看，授权好像意味着放弃控制。因为这会让领导者对工作和局面的控制发生质的变化——退后了，不在第一线了，但其实则不然。美国一位著名管理学家就说：控制是授权管理的“维生素”，授权管理的本质就是控制。所以，充分授权，有效控制，才是授权的最好境界。

领导者必须保持权力的可控性，否则就不是授权而是弃权。而领导者的大权旁落只会引起员工间的纷争和混乱，从而扰乱整个企业的局势，造成人力、物力的严重内耗。因此，领导者要始终把权力控制在自己的手中，以保证企业决策的连贯性，各方利益的协调性，并不断推动企业前进。领导者在授权之初就应该把必要的权力掌握在自己手里，如重要岗位的人事任免权，重要事务的决策权等。这样，在员工间发生矛盾与冲突时，领导者就可以进行有效地协调控制，以保持企业的稳定发展。这正是授权、控权的必然要求。

摩托罗拉近年来的衰落也正在于此。高层领导者的控权不力，使公司的各级部门、各级主管互相推诿责任，工作效率低下。自2000年以来，摩托罗拉的市场占有率、股票市值、公司获利能力连连下跌。到2001年第一季度，更是创下公司15年来第一次亏损的记录。

可见，权力授出去了，却不能有效控制，不仅起不到预期的授权效果，反而会带来更多的危害。

因此，领导者若想轻松自如地驾驭员工，最好的办法就是在保证大权在握也就是有效监控和牵制的前提下，将小权即不必由自己掌握的权力交给员工。

控权正是领导者的真正职能所在，有效的管理就是要把权力、责任赋予员工，而领导者本身则承担一个协调、控制、指导、监督和检查的责任，这不是干预，而是帮助员工把握工作的正确方向。要想做到这点，领导者可以从下述几个方面入手。

1.审慎授权

授权时合理审查，以达到指导、鼓励和控制的作用。既要审查授权任务的复杂程度，也要审查被授权员工的实际能力。

2.尽量减少反向授权

反向授权即员工将自己应该完成的工作交给领导者做，这也叫倒授权。发生这种情况的原因一般是：员工不愿冒风险，怕挨批评，缺乏信心，或者由于领导者本身“来者不拒”。除特殊情况外，领导者应该杜绝这种反向授权，解决它的方法就是在授权时把任务的艰巨性多想一些，必要时，也可帮助员工提出问题的解决方案。

3.审查并改进授权的技巧

领导者应选择正确的授权方法，按照授权的基本程序去授权(选准授权对象——授权清楚——必要的追踪控制)，这是取得良好授权的必然要求。

4.命令追踪

这是确保命令顺利执行的有效方法之一。具体的操作方式有两种:第一种,即领导者在发布授权指令后的一定时期,亲自观察命令执行的状况;第二种,则是领导者在发布授权指令的同时与员工商定定期呈报命令执行状况的说明。

5.授权后的有效反馈

反馈应当及时,反馈的内容应当具体化,要依赖数据说话。领导者应该清楚,反馈是为了使你了解事情的进展状况,内容要清楚、确定。

6.有效监督

领导者要对授权予以有效监督,要监督工作的进度,要以适当的方式提意见而不干涉员工的具体工作,要确认工作绩效,兑现奖惩承诺。这样才能使控制具有威慑力。

7.统御全局

有效的统御应在三个层面上进行:①对组织的控制,采用纵向画线、横向画格的管理模式来实现;②对工作的控制,表现为静态控制和动态控制;③对员工的控制,要注重“方法与艺术”的结合。

授权就像打篮球,不是把球交到谁手里,责任就是谁的,领导者就什么也不必管了;还一定要考虑整体局势,进行有效控制,相互协调照应。只有这样,被授权的员工才能有足够的力量去高效地完成任务。

领导者进行明确授权后,其主要职责就是进行有效地控制,既要牢牢地掌握总目标,放手不撒手,又要对下属多加指导,进行有效地监督,坚决杜绝授权失控。

避开你的授权误区

很多领导者有这样一个认识误区:职位越高越忙碌。事实上,这是很多领导者身上普遍存在的现象。这样的企业领导者,走进了一个凡事都要亲力亲为、包揽一切的误区。明确授权的误区与掌握授权的艺术同样重要，因为它能避免企业领导者陷入困境，从而有效地防止授权的失败。

一般来说，领导者常犯的授权误区有如下几种：

1.授权太过随意

陷入这一误区的授权人往往不能根据客观工作任务的情况，对被授权人应具备的能力等事实去慎重地挑选被授权人，而是以个人好感取人，或者从平衡组织内各派的权力出发挑选被授权人。他们往往认为员工对此项任务的内容、可能出现的问题，以及相关的工作要求已经熟悉，不需要一一交代。其结果是，任务完成得十分缓慢而且效果并不理想。

2.不忍心给员工更大的压力

一些领导者有这样的授权误区：尽管目前十分需要下放权力，但是由于担心员工过于忙碌，怕搅乱他们的工作计划，不忍心给他们施加更多的工作压力。这一看似十分有人情味的观念，实际上无法激发出员工的潜能，也不能提高公司整体的绩效。

对任何一名员工来讲，工作绝对不仅仅是每个月按时发放的薪酬，而是工作中的挑战一个个被战胜所带来的价值感。每一个人潜在的价值观都是接受挑战，获得成功。领导者要做的就是去激发他们。

3.不信任被授予权力者

一家三星级酒店，其领导者特别敢于放权给自己的员工，允许员工根据实际情况给不满意的顾客送饮料和水果，授予销售人员可请客户试餐的权力。开始有人担心员工会借机乱送饮料、水果，会随意请人吃饭，可事实上，员工不但没有乱支出，反而结交了许多客户，绩效也有所上升。

由此可见，把权过紧，不信任员工，其结果可能是员工在暗中想尽一切办法谋私利。反之，则能实现双赢。赋权管理和授权管理是两个不同的概念：授权是始于领导者自己的工作，即将其部分工作授权给员工去做；而赋权管理是消除了对员工的约束，使他们能将自己的工作干得尽可能地有成效。人们常说投桃报李。你的员工会因为你的信任而努力成为一个确实可以信赖的人,而你要做的就是给他们机会。很多时候,不相信别人等于不相信自己。总之,要充分信任你的员工,并以此激发他们的工作热情。

4.完美式的授权误区

这类授权人要求员工不能有任何工作上的失误,这样就导致员工不敢大胆工作,遇到问题就往上推,组织的活力随之也会消失。

5.反复无常的授权误区

这类授权人在将权力授给员工的前后总是犹豫不决、反复无常、三心二意。时间长了,就是会使组织和领导者本人遭受本来可以避免的损失。

6.无反馈式的授权误区

这种授权误区会让领导者不能及时获得各方面的信息以便修订本单位的发展战略、策略,也不能使授权人根据各种变化,有效地指导员工的工作,这必然会使授权人及其组织无法在各种发展变化面前制订、实施有效的应变对策。

7.喜欢用自己的观点去引导员工

这种授权也可称为主观式的授权。这类授权不是按照完成工作任务所需的权力授权,而是以与自己的亲疏程度等作为授权的依据。这种做法,是官僚主义产生的温床,万不可取。

8.自己重新做一遍

这种授权表现在:在检查员工的工作时,发现员工没有做好,自己就直接操刀上阵;对员工提交的报告,感觉存在的问题多,于是自己亲自动手修改;快到月底了,发现有些销售人员的业绩不理想,于是主管就直接去跑市场……即便是员工有做得不到位的地方,作为领导者,你的第一反应也不应该是亲自出马,而是要教给他们一种工作的方法。因为,教练的主要职责是培养出优秀的运动员,帮助他们打破世界纪录,获得冠军,而不是替运动员上赛场。在对员工工作感觉不满意的时候,自己亲自出马,固然能取得不同凡响的结果,但问题是员工却因此失去了一次成长、体验的机会。

9.授权对象不当

这种授权涉及了一个知人善用的问题,即将本该授予张三的权力授予了李四,或者是授予张三更合适的权力授予了李四,这样可能会贻误展开工作的最好时机,甚至还会造成不堪的后果。

总之,领导者要做到合理使用干部和安排员工,就必须避开授权的误区,充分调动员工的积极性,使其工作效率提高,从而实现轻松而有效地领导。

要想避开误区,除了对照上面的误区一一改正外,不妨尝试以下的方法。

1.了解员工的个人素质

为了避免授权出现误区, 首先要了解员工的素质以及工作能力,这样才能合理授权。只有在充分了解了员工的知识背景、性格、工作能力后,才能消除自己的不信任心理、担忧想法,也才能给他们委派更合适的工作,更重要的是,可以避免授权时走入误区。

2.和员工及时沟通,一起分析工作做不好的原因

这样做,不仅可以让员工知道自己错在哪里,存在什么问题,而且能让员工理解你的良苦用心,以此激发他。而如果不这样做,是对员工的不公平,也是领导者逃避自己责任的表现。

3.作好出现错误的思想准备

在授权时不要对员工过于严格和追求完美,而应建立这样一种信念:错误是授权的一部分,让员工完全按照自己的意图来完成任务是不大现实的,员工在完成任务的过程中出现错误也是在所难免的。除此之外,还应当预测到员工可能会犯什么错误,并及时地给予帮助。事实上,只要代价不大,授权就是可行的。

当然，避开授权误区的方法需要在具体的实践中慢慢领悟，作为一名领导者，要想激发员工的自觉性及工作热情，除了要摸索、学习避开授权误区的方法外，还同时应具备成熟的思想、对员工的信任、娴熟的沟通技巧和足够的信心。这样才能使企业士气高昂，绩效提升，利润增加。更重要的是，避开授权的一些误区，是引爆员工最大潜能的一种手段！

秘诀九

解决“缺位”问题

人们常常抱怨自己的薪水太低，感叹中国企业无法跨入世界，希望中国经济更加强大，但却很少意识到，差之毫厘，谬之千里，彼此之间巨大的距离正是由于我们每个人差那么一点点造成的。这就需要改变人们的某个意识和习惯——做事不到位。而要想保证做事到位，就必须培养领导与员工的责任感。

无处不在的不到位

如果让一个日本人每天擦六遍桌子，他一定会始终如一做下去；而如果是一个中国人，一开始他会按要求擦六遍，慢慢地他就会觉得五遍、四遍也可以，最后索性不擦了。中国人做事的最大毛病是不认真，不到位。每天工作欠缺一点，天长日久就成为落后的顽症。

工作不到位，总是差那么一点点，这样的事实和教训实在是太多了，让我们先来看一看由于做事不到位给我们带来的灾难吧！

内蒙古丰镇市第二中学楼梯护栏坍塌事件：

2002年9月23日晚，内蒙古丰镇市第二中学。晚上7点补课结束后，1500多名学生在从该校教学楼东西两个楼道口下楼时，一段楼梯护拦突然坍塌。由于没有灯光，再加上楼道内拥挤，致使下楼至此的学生不断摔下楼梯，最终酿成21人死亡、47人受伤的惨剧。

惨剧发生后的第二天，警方公布了事故调查结果：学校基础管理工作混乱。

——事故发生地的楼梯12盏灯中1盏没有灯泡，11盏不亮。事故发生的当天下午，还有老师向校长反映灯泡的照明问题，校长以“管灯泡的人员不在”为由，未及时处理潜在的安全隐患；

——技术监督部门怀疑丰镇二中教学楼楼梯护栏实际使用的钢筋强度不够；

——学校在这座教学楼未经验收的情况下就投入了使用；

——事故当天，应该带班在岗的校长正与教委、本校和其他学校的18位老师在当地一家饭店里喝酒。

重庆开县井喷事故：

2003年12月23日夜，重庆市开县高桥镇，中国石油天然气集团公司西南油气田分公司川东北气矿罗家16H井在起钻时，突然发生井喷，富含硫化氢的气体从钻井喷出达30米高，失控的有毒气体随空气迅速扩散，导致了在短时间内发生大面积的灾害。这次事故造成了243人死亡、4000多人受伤、9.3万多人受灾的恶劣后果。

井喷事故波及28个村庄，其中最严重的是高桥镇的两个村。重庆的山区道路崎岖、泥泞，通讯落后。事故发生后，一些村民来不及逃离就被毒气夺去了生命，有的将生命搁浅在逃离的路途上。

经过相关调查，发现事故原因如下：

——有关人员对罗家16H井的特高出气量估计不足；

——高含硫高产天然气水平井的钻井工艺不成熟；

——在起钻前，钻井液循环时间严重不够；

——在起钻过程中，违章操作，钻井液灌注不符合规定；

——未能及时发现溢流征兆；

——有关人员违章卸掉钻柱上的回压阀，是导致井喷失控的直接原因；

——没有及时采取放喷管线点火措施，大量含有高浓度硫化氢的天然气喷出扩散，周围群众疏散不及时，导致大量人员中毒伤亡。

事实上，如果上述每一个环节上的负责人都有一点责任感存在的话，这两场惨剧就可以完全避免。

以上不过是两个信手拈来的事例，在中国，做事差不多、不到位的现象可谓是屡见不鲜。

对这些现象进行分析，我们还可以看到这样的不到位：

(1)说得到位，做得不到位。在很多单位里，都会有这样的人，他们是语言的巨人，行动的矮子，说得很好，却总是做不到。当领导要他们拿出结果来时，他们往往绞尽脑汁去找借口来对付。

(2)布置到位，落实不到位。在有些单位里，领导布置下去的工作，经常会有这样的结果：有的差强人意，有的没了下文，只有很少人能把事情真正落实到位。

(3)表面到位,实际不到位。有些人工作不脚踏实地,喜欢耍滑头,搞形式主义。殊不知,技术容不得半点虚假,表面功夫做得再好,也难免有一天会露出“庐山真面目”。

(4)职务到位,工作不到位。有些人占着位置不做事。单位给他的职务和待遇都到位了,他们还是很不敬业,总把心思放在消磨时间上。

要胜任,最起码要到位。换言之,至少要把本职工作按照正确的标准做好。半到位不到位最让人难受。

可以试想一下,经常做事不到位的人连属于自己岗位的工作都不能胜任,领导又怎能相信,你又怎么可以胜任更高的位置?在职场中,做事不到位种下的苦果往往是:你让工作打了折扣,你的前途也大打折扣!

责任感是执行到位的保证

品牌课程《真正的执行力》中提道:“执行力的第一要素是责任”,执行力的缺失是来自于责任的缺失。

微软董事长比尔·盖茨曾这样对他的员工说:“人可以平凡,但不可以没有责任感。”

比尔·盖茨说这句话,是建立在他对执行力重要性认知的基础上的。因为一个人只有具有高度的责任感,才能在执行中勇于负责,在每一个环节中力求完美,保质、保量地完成计划或任务。微软非常重视对员工责任感的培养,责任感也成为微软招聘员工的重要标准。正是这种做法,成就了微软一流的执行力,打造出了声名显赫、富可敌国的微软商业帝国。

同样,海尔能够成为中国企业榜样的重要原因也是其凡事都要求做到“责任到人”,“人人都管事,事事有人管”。在海尔,大到机器设备,小到一块玻璃，都清楚标明事件的责任人与事件的检查监督人，有详细的工作内容及考核标准，如此，形成环环相扣的责任链，做到了“奖有理，罚有据”。这种管理的核心就是要把责任锁定，即使是一个简单的擦玻璃的工作，也要安排两个责任人，使他们各自有各自的明确责任。

第二十九届奥林匹克运动会要在中国北京召开，由此北京成立了奥组会，各项工作有条有理地展开。2006年奥组会向各大美术设计院发出通知，要求设计奥运奖牌方案。通过初审、复审、反复论证，到2007年6月审核通过的单位有清华美术设计院，北大美术设计院，中央美院等六大单位。

被选中的单位，奥组会要求每家做两款实物样品进行评选。中央美院是在6月8日那天接到了通知，要求在20天内试制出两款奥运奖牌，此时做为美院的职工们是又惊又喜，惊的是要在20天之内完成工艺复杂、精度极高的世界级奥运奖牌难度不可谓不大，喜的是奥运奖牌能在我手上诞生，那是件既光辉又荣幸的事。正是因为有了这份使命感和责任感，中央美院坚定地接下了这个艰巨又严肃的任务。马上召集技术骨干，分析工艺，分工落实，责任到位，计划实施。每人加班加点，克服种种困难，攻克各种技术难关。难度最高的是其中一款要在奖牌上镶嵌一块新疆和田玉，这是奖牌之首创，并且要求在5层楼高的高度掉到地上，奖牌和玉石不能分离脱落。经过反复试验，调用各种黏合方法，终于达到了理想效果。

最后一关是表面处理，压制完成后，美院的职工们又马不停蹄地赶往苏州电镀中心（那是一家电镀奖牌的专业工厂），在那里花了整整一天的时间完成了表面处理。那天还碰到了上海造币厂的顶级设计大师罗荣辉，他还是奥组会的技术评审员，这次他是代表造币厂为清华美院的奖牌试制而来。不约而同地相聚，他们有了共同交流意见的机会。

在整个试制小组的共同努力下，终于把两款奖牌如期地完成，两个月后,中央美院试制两项中的其中一项镶玉奖牌获胜。当看到比赛场上每位优秀运动员站上领奖台,双手拿着奖牌热泪盈眶时,那些曾经为此工作过的职工们有多么的自豪和喜悦。

可见,在执行中,对责任的尊重是至关重要的。责任感是贯穿整个行动计划的关键,只有每个成员都承担起自己的责任并完成自身任务,才能保证整体行动的顺利进行。

有一家皮毛销售公司,老板吩咐三个员工去做同一件事:去供货商那里调查一下皮毛的数量、价格和品质。

第一个员工5分钟后就回来了,他并没有亲自去调查,而是派下属打听了一下供货商的情况就回来汇报。30分钟后,第二个员工回来汇报。他亲自到供货商那里了解了皮毛的数量、价格和品质。第三个员工90分钟后才回来汇报,原来他不但亲自到供货商那里了解了皮毛的数量、价格和品质,而且根据公司的采购需求,将供货商那里最有价值的商品做了详细记录,并且和供货商的销售经理取得了联系。在返回途中,他还去了另外两家供货商那里了解皮毛的商业信息,并将3家供货商的情况做了详细的比较,制订出了较全面的购买方案。

第一个员工很显然只是在敷衍了事,草率应付;第二个充其量也只能算是被动听命;应该说真正有责任感的是第三个员工。简单地想一想,如果你是老板你会雇用哪一个?你会赏识哪一个?如果要加薪、提升,作为老板你愿意把机会留给谁?相信答案已在你心中。

事实上,各行各业都需要负责的员工。如果你的工作中没有了责任感和理想,你的生活就会变得毫无意义。所以,无论你做什么样的工作,都应该勇于负责,力求做到位。

南京明城墙是我国保存比较完整的古城墙,也是世界上现存规模最大的古代砖城,这与它所用砖块的质量不无关系。据记载,该城墙所用砖块都是由长江中下游的150多个府(州)、县烧制的。砖的侧面刻着铭文,除时间、府县外,还有4个人的名字,分别是监造官、烧窑匠、制砖人、提调官(运输官)。砖上刻人名的用意,用现在的话来说,就是职责分明、责任到人。参与人员的名字都刻在砖上,清清楚楚、一目了然,一旦出现问题,谁也赖不掉。无论监造官、提调官,还是烧窑匠、制砖人,哪个环节出了问题,都要被追究责任。

这就使得参与人员在执行任务的过程中丝毫不敢懈怠,尽职尽责地努力工作。最后交砖时,检验更为严格,由检验官指派两名士兵抱砖相击,如铿锵有声而不破碎,属于合格;如相击断裂,就责令重新烧制。正因为责任如此清楚,才保证了城砖质量上佳,以至南京明城墙历经六百多年的风雨,仍巍然屹立。

一项计划执行不力,很大程度上是由于参与人员缺乏责任感造成的。这些人责任意识淡薄,做一天和尚撞一天钟,得过且过,甚至接受任务后,只要上司不核查,就不了了之。他们对“责任感”这三个字很陌生,甚至没头脑地想:责任关我什么事?

要想让员工做事到位,身为管理者,你必须培养员工的责任感。

对工作负责应该贯彻始终

真正的负责,是不以个人功利为目的的。任何时候都始终如一地对工作负责,才是真正意义上的负责。

在很多公司内,都有这样的员工:他们对工作负责是分时间和地点的,上班时间,上司若在公司,他们会表现得很有责任感,能够认真地完成各项工作。但上司一旦脱离他们的视线,他们就会偷奸耍滑,打私人电话聊天,甚至趁机跑出去办私事;只要下班时间一到,他们就会立即忙着收拾东西, 哪怕再有几分钟就可完成的工作也要拖到第二天。

很显然,这样的员工缺乏责任感,他们的行为说明他们的工作责任意识非常淡薄。真正负责任的员工是不需要上司监督的,无论上司在不在身边，他们都会一样埋头认真工作；而且，负责任的员工无论何时，何地，只要与工作和与公司有关，都会主动承担起自己的责任。任何时候都始终如一地对工作负责，这样的员工才是公司需要的人。

有三个人到一家建筑公司去应聘，我们姑且把他们称为A君、B君和C君。这三个人经过一轮又一轮的考试，最终从众多的求职者当中脱颖而出，他们的工作能力都非常出色。

公司的人力资源部经理对他们表示祝贺之后，就带他们到了一处工地。工地上有三堆散落的红砖，乱七八糟地摆放着。人力资源部经理告诉他们，每人负责一堆，将红砖整齐地码成一个方垛，然后他在三个人疑惑的目光中离开了工地。A君对B君说："不是说已经录用我们了吗？为什么还要将我们带到这里来？莫名其妙！"B君对C君说："我没有应聘这样的职位啊，为什么让我干这个？经理是不是搞错了？"C君说："不要问为什么了，既然让我们干，那就干吧！"说完就带头干了起来。

A君和B君同时看了看C君，只好跟着干起来。还没完成一半，A君和B君明显放慢了速度，A君说："经理已经走了，我们歇会儿吧。"B君跟着停下来，C君却一直保持着同样的节奏。

在人力资源部经理回来的时候，C君还差十几块砖就全部码齐了，而A君和B君只完成了1/3的工作量。经理对他们说："下班时间到了，下午再接着干。"A君和B君如释重负地扔掉了手中的砖，而C君却坚持将最后的十几块砖码齐。

回到公司后，人力资源部经理郑重地对他们说："我们公司这次只聘任一位设计师，获得这一职位的是C君。A君和B君为什么落聘，你们想想在工地上的表现就知道答案了。作为这次考试的主考人，我在远处看得清清楚楚。"

A君和B君落聘的原因，自然是他们缺乏对工作的责任感，接到任务后挑三拣四，不愿主动执行，看到经理不在身边就想偷懒。而C君却表现出了强烈的工作责任感，虽然对经理的安排感到大惑不解，但还是马上执行任务，而且在整个过程中，表现始终如一，特别是最后没有因下班时间到了就匆忙“理所当然”地结束工作，而是坚持把工作做完，对接手的事情负责到底。C君表现出来的正是一种任何时候都对工作高度负责的态度，这样的员工无论走到哪里都会受到欢迎。

其实，公司是事先计划好的，每堆砖的数量，如果不停地码放，到下班时间恰好会剩少许。这时表现出来的正是责任感对执行的影响，对工作认真负责、责任感强的人，通常会再努力一下把任务完成；对工作敷衍了事、责任感不强的人，通常会中断执行，将事情留到日后再处理。

随着市场竞争的加剧，在执行工作任务的过程中，时间上可能会很紧迫，这就需要执行者能够不计时间的长短和地点的远近，坚定地执行下去。试想，当一项任务需要加班时，你能对上司说“抱歉，我已经下班了”吗？当上司安排你去做一项社会调查，你就能心安理得地偷懒吗？对工作高度负责的员工，是不需要老板或上司安排或者嘱咐的，他们会积极主动地加班加点，抢在对手前面完成任务。无论是在上下班的途中，还是在家中休息，甚至是在睡觉时，都会考虑如何才能尽善尽美地解决难题，完成任务。

无论在什么时候，都要始终如一地对工作负责，这才是真正的负责。如果一个人具备了这种高度负责的精神，就没有什么事情能够难得住他，就没有什么任务不能尽善尽美地完成。任何一家公司，只要能够形成这种高度负责的企业文化，就没有什么战略执行不下去，公司的绩效自然就会大大提高。

我国曾有一个商务代表团到韩国去洽谈生意。代表团车队的先导车开得较快，为了等后边的车辆，暂停在了高速公路的临时停车带。不一会儿，一辆“现代”跑车靠了过来。驾车的是一对年轻的韩国夫妇，他们问先导车的司机：“车辆出了什么问题？需要帮忙吗？”原来，这对夫妇是现代汽车集团的职员，而代表团的先导车恰好是现代汽车集团生产的。

这对年轻的韩国夫妇开着跑车，也许是去度假，也许是去参加朋友的派对，显然是在非工作时间，而且上司并不在现场，仅仅因为停靠的车辆是他们公司生产的，就对这件表面上看似与他们的工作职责并没有直接联系的事件给予热情的关注，他们表现出来的正是一种强烈的工作责任感。很显然，这对年轻的韩国夫妇已经把与公司有关的任何问题，都当成了他们自己的责任。

如果你遇到了诸如此类的事情，你是否会像这对韩国夫妇一样？相信有不少人会有这样的想法：那样做又没有什么回报，干吗要干？既然老板或上司当时不在现场，那么做了他们也看不到，岂不是浪费我的时间和精力吗？如果一个人有这样的想法，他是永远也不可能像这对韩国夫妇那样去对工作负责的。

在执行一项任务之前，如果你首先想到的是个人利益，就很难保证你的执行不会扭曲和变形，就很难保证如期达到目标。如果一个人总是以功利之心去对待工作，难免会影响到工作时的心态。只有将整个身心投入到工作中去，摒弃利己之心，才能发挥出自己的全部能力和智慧，尽善尽美地完成任务。

要做就要做到最好

在平常的工作当中，我们经常会有这样的体会：没有高要求就没有高动力。对于那些优秀的职业人来说，为什么他们能够创造奇迹般的业绩，虽然答案各种各样，但是其中有一点非常的相似：他们对自己都有着极高的要求，他们会按最高标准要求自己，要求自己能够使顾客100%的满意，要求自己能够为公司创造真正的利益与价值。

在数学上，“100-1”等于99，而在企业经营上，有时“100-1”却等于0。一百次决策，有一次失败，就可能让企业关门；一百件产品，有一件不合格,就可能使企业失去信誉;一百次经济预测,有一次失误,就可能让企业面临破产……

我们工作中出现的许多问题,很多时候只是因为一些小事上的失误。但如果在小事上做得不到位,就常常会造成大事上的失败。

一位管理专家曾一针见血地指出:从手中溜走1%的不合格,到用户手中就是100%的不合格。为此,作为每一位企业员工,应该自觉地从被动管理走向主动工作,要让规章制度成为每个人的自觉行为,要把事故苗头消灭在萌芽之中,时刻以最高的标准要求自己。

美国前国务卿基辛格讲过这样一个故事。

当助理呈递一份计划给他,问他对其计划的意见时,基辛格和善地问道:"这的确是你所能拟订的最好的计划吗?"

"嗯……"助理犹疑地回答,"我相信再做些改进的话,一定会更好。"

基辛格立刻把那个计划退还给了他。

两周后,助理又呈上了自己新的成果。几天后,基辛格请该助理到他的办公室去,问道:"这的确是你所能拟订的最好的计划吗?"

助理后退了一步,喃喃地说:"也许还有一两点可以再改进一下……也许需要再多说明一下……"

助理随后走出了办公室,腋下夹着那份计划,他下定决心要拟出一份任何人——包括亨利·基辛格都必须承认的100%的"完美"计划。

这位助理加班加点地工作,有时甚至就睡在办公室里,三周之后,计划终于完成了!他很得意地迈着大步走进基辛格的办公室,将该计划呈交给了国务卿。

当听到那熟悉的问题时,他激动地说:"是的。国务卿先生!"

"很好。"基辛格说,"这样的话,我有必要好好地读一读了!"

故事中的基辛格并没有直接告诉他的助理应该怎么做,而是通过这种严格的要求来训练自己的下属,要求下属工作必须做到完美,用最高的标准要求自己。

无数安于现状的员工，当他们的产品达到99%的合格率，甚至低于这一合格率时，就沾沾自喜了。殊不知，市场对企业从来都是拿着“显微镜”来审视的，并且实行一票否决制。如果在你生产的1万套服装中，有一套质量不合格，消费者就会说：“你的服装质量不过关。”而不会说：“你的服装有一套不过关，其余的都是合格品。”

曾经有一家电热水器生产厂，声称自己的产品质量合格率为99%，各项安全指标都可靠，并有双重漏电保护措施，让消费者放心使用。然而一位消费者购买了该厂的电热水器，却不幸摊上了1%的失误。

跟往常一样，他未关电源就开始洗澡，没想到，热水器漏电，而漏电保护装置又失效了，导致他被电流击倒，一条胳膊被电击伤。按说，带电使用电热水器属于正常操作范围，不应出现这一故障，即便发生漏电，漏电保护装置也会立刻断电，以确保使用者的安全。然而，这家企业满足于99%的合格率，却恰恰是那1%的不合格给消费者带来了巨大的伤害。

在工作中我们每个人都应该用最高的标准要求自己，要完成100%的工作，绝不只做到99%，因为只有做到100%才算合格，你的工作才算做到位了。韩国现代公司的人力资源部经理在谈到对员工的要求时是这样认为的：“我们认为对员工的最高要求是，他们能够自己在内心为自己树立一个标准，而这个标准应该符合他们所能够做到的最佳的状态，并引领他们达到完美的状态。”

对于我们员工来说，在工作的时候，就意味着要做到让客户100%的满意，让客户感受到超值的服务，这也是优秀员工工作的重要要求。对于管理者来说，就意味着你的每一道命令都要彻底落实，执行到位。这样的标准，一方面将造就优秀的员工，另一方面将造就成功的企业。以最高的标准要求自己，成就的不仅仅是自己的企业，更多的是自己的能力。

要做个以身作则的好领导

以上几点主要是从员工的角度来强调责任对于做事到位的重要性。其实，员工的不到位有很大程度上是由于管理者的不负责造成，管理者要从自身做起，正如孔子所云：“己欲立而立人，己欲达而达人。”作为领导，要用好别人，首先要管好自己。印度圣雄甘地也说：“领导就是以身作则，来影响他人。”这也就是我们常说的“其身正，不令而行；其身不止，虽令不从”。

在我同古代，那些使国家大治者莫不以身作则来保障法令地贯彻实行。三国时期的曹操就能够从自身做起，以身作则，使自己拥有了最强大最具有战斗力的军队，为以后的魏国立国奠定了坚实的基础。

有一次曹操带兵出征打仗，行军途中看到麦田成熟的麦子，于是下令：“有擅入麦田、践踏庄稼者，斩！”可是命令刚下达，一群小鸟忽然从林间惊起，从曹操马前飞过，那马不由一惊，一声长嘶，径直冲进麦田，将成熟的麦子踩倒一大片。曹操非常心痛，马上拔出佩剑就要自刎，众将慌忙抱住他的手臂，大呼：“丞相，不可！”曹操仰面长叹：“我才颁布了命令，如果自己制订的法令自己不能遵守，还怎么用它约束部下呢？”说完执意要自刎。众将以“军中不可无帅”力劝曹操不可自刎。这时，曹操便拉过自己的头发，用剑割下一绺，高高举起：“我因误入麦田，罪当斩首，只因军中无帅，特以发代首，如再有违者，如同此发。”这样一来，全军上下，人人都小心翼翼起来。骑兵甚至害怕因马匹一时失蹄狂奔乱窜而丢了性命，也都纷纷下马，用手牵着马走。队伍就这样在麦田边缓缓地向前移动着，无一践踏庄稼者。

正忙于收割麦子的百姓们见状，都纷纷称赞曹军：“老天保佑你打胜仗！老天保佑曹将军！”曹操这时的兴奋之情不亚于打了一个大胜仗。

古人尚能够做到以身作则,现代社会的企业领导者更应当修炼自己,树立榜样,这是现代领导的重要职责之一。领导者的示范激励作用,能够振奋士气,提高下属的工作效率。

领导者要下属积极地投入工作中,自己首先要有这份热情;不要把私人事情夹在公事中,要永远保持愉快的笑容,这才是领导者的形象。经常愁眉苦脸或者在工作中跷高双腿看报纸杂志的领导者,是经不起时间考验的。

遇到下属迟到的问题,在责备其上班不准时的时候,先要想想自己是否做到按时上班了。自己都没有做到的事情是无权要求别人做到的,否则会引起下属的不满和不信任。如果遇到下属迟到,有一些微妙的方法可以在无形中改善这种情况。等迟到的下属上班,跟对方打个招呼后,有意无意地看看手表;如果对方仍无反应的话,也就别再追问。等到他再一次迟到,又与上次的情况一样,不妨问他是否居住得很远,然后建议他早些起床。整个过程,勿忘保持友善的笑容,而且声音不要太大,仅对方能听到就可以了。

还有一个许多领导者都常犯的严重错误就是开会和散会的时间不定,全凭个人心情行事,这是最要不得的。开会时间一经定下,就不能因个人心情而随意改动;须知下属已经刻意安排出那段时间开会,如果你随意改变,将会影响下属的工作进度和情绪。

无论是开会这样的大事,还是鸡毛蒜皮的小事,作为领导者都应该以身作则,换句话说,是领头人就一定要有领头人的样,否则就不要做领导者。企业里制定了种种制度,但是无法保证人们都照章办事,这是困扰领导者最大的难题。要解决这个难题,方法之一就是领导者自己以身作则。

联想有一条规则,开二十几个人以上的会迟到要罚站一分钟,迟到者不罚站,会就不开。第一个被罚的人是柳传志原来的老领导,罚站的时候老领导紧张得不得了,一身是汗,柳传志本人也一身是汗。事后,柳传志跟他的老领导说:“你先在这儿站一分钟，今天晚上我到你家里给你站一分钟。”柳传志本人也被罚过三次,其中有一次他被困在电梯里,叫别人去给他请假,可是没找到人,结果还是被罚了站。

柳传志敢罚老领导,也甘愿受罚,为联想人树立了榜样,其他部门领导都自觉地遵守着各种有益于公司发展的“天条”,使得联想的事业得以蒸蒸日上。这给所有的领导者一个重要启示:只有以身作则,才能在企业里建立正规的工作和生活秩序,才能带出有纪律、有秩序、有团结、有战斗力的过硬团队。

“喊破嗓子不如做出样子”。表率作用有一种巨大的影响力,它通过领导者榜样般地言传身教，使广大下属自觉地产生敬佩与信赖,从而产生巨大的凝聚力、向心力和感召力,进而转变成无坚不摧的战斗力!

韩国大宇集团总裁金宇中每天半夜12点睡觉,次日凌晨5点起床,每天工作十几个小时,坚持了20多年。他经常对下属说的就是:“为了明天的繁荣,我们必须牺牲今天的享乐!”他的行动感化了整个大宇集团,每位员工都会自觉地为集体利益而努力工作。

领导者一旦通过表率树立起在下属中的威望,将会大大提高团队的整体战斗力,领导者的管理工作也会事半功倍。

领导者只有以身作则,才可能要求别人这样去做。否则,即使别人迫于压力这么做了,也只能是“人心不服”。领导者的一言一行,一举一动,无不被下属看在眼里,记在心里,领导者的行为影响着下属的行为。

“做事先做人,律人先律己,用人先育人”应当成为领导者的信条。领导者既是制度的制定者和推行者,也是制度的执行者和培训者。这就要求领导者在要求下属的同时,更应该严格地要求自己。

言出必践，不许空诺

作为管理者，你的工作做到位的另一个表现就是要说到做到，要始终抱着一诺千金的信条，对自己的每一句话负责到底，做到“一言既出，驷马难追”，言必信，行必果。作为管理者，是否守信不仅关系到个人的威望和功业，也关系到集体的形象与兴衰。

东汉末年，天下大乱，豪杰并起，逐鹿中原。袁术是世家子弟，仗着祖辈的余荫，坐镇一方，也想趁机多捞点好处。孙策在孙坚死后，继续追随袁术。袁术为了激励孙策为自己卖命，曾许诺说只要他攻下九江，就让他任九江太守，但孙策攻克九江后，袁术却任陈纪为九江太守。

孙策的感受可想而知。过了一段时间，袁术为了让孙策去攻打庐江，又许诺说：“本来是要你担任九江太守的，可我却错用了陈纪，我知道对不住你，一定会对你有所补偿。现在你去攻打庐江，胜利后就任你做庐江太守。”孙策心中升起一线希望，受命而去。孙策骁勇善战，得胜而回。不料，袁术却不提加封之事，把庐江太守的位子给了老部下刘勋，根本不拿孙策当回事。

孙策彻底对袁术失望了。后来，孙策借机假装替袁术征讨江东，请派兵马。袁术信以为真，认为孙策仍会死心塌地地为他卖命，就给他调兵遣将。孙策有了兵马，又碰上了周瑜，势力越来越大，最终占据了江东。袁术因为不守信用失去了孙策，手下又无其他能人，最终穷途末路，吐血而死。

以封官加赏让下属赴汤蹈火，确实有很大作用，但若像袁术那样许空诺，让拼死效力的人什么也得不着，却让那些无德无能的人坐享其成，这就等于逼迫忠诚的下属背离自己。

管理者承诺了一件事，员工就对管理者的承诺产生了期望。如果承诺不能兑现，员工便会产生厌恶之情，随之管理者也就失去了影响力。

很多管理者有一种老毛病，那就是把自己跟员工约定的事当做无关紧要的事，即使失信也不太在乎。久而久之，不但丧失了员工的信赖，还会被认为是个虚伪的人，管理效果将大大下降。

战国时期的魏国曾发生过这样一件事。有一天，魏文侯跟大夫们饮酒。魏文侯下酒令说：“干杯不尽的要罚酒。”并让公乘不仁监督。喝到后来大家干杯时，只有魏文侯没有举杯。公乘不仁便要魏文侯罚酒，但魏文侯瞪眼看着公乘不仁，并没有接受罚酒的意思。

侍者说：“不仁不能罚酒了，文侯已经醉了。”公乘不仁说：“古人言，‘前面的车子翻了，可以作为后面车子的警戒’，这是为了避免重蹈覆辙。为臣的不能改变酒令，为君的也不能改变自己的酒令。现在君王自己下的酒令自己不执行，这样行吗？”魏文侯听后便举大杯饮酒，并奉公乘不仁为上宾。

有明君必有贤臣，公乘不仁能执行酒令，是因魏文侯认识到言行一致才能取信于人的重要意义。言行一致，知错必改，这是魏文侯统治下的魏国能成为战国七雄之一的主要原因，这也是值得现代管理者借鉴的。

作为一个组织的管理者，如果你当众宣布：“若能超额完成任务，大家月底能拿到比以前多40%的分红。”这将是怎样的一则消息呢？情绪亢奋的员工可能无暇顾及它的真实性，他们的想象力早已进入了月底分红的那一幕。这个月员工们必定会热火朝天地工作，数着指头盼望着月底的到来。到了月底，你的员工们都热切地期望你能说话算数，而你却只来一句——对不起！想想看，这后果是多么的可怕。如果你下次再发出号召，让员工们苦干并给予一定的奖励，有谁还会为你真心实意地干活呢？谁都会对你的话打一个大问号。而一旦员工有了这样的心态，那么你在组织中就是一个彻底的失败者。你的权威没有了，难得树立起来的信任也失去了，你将再也得不到员工的拥护和支持。

作为现代管理者，要激发员工的动力，就要自身诚信，言行一致，做到兑现不了的事不随便许诺，说出的话就一定要做到。尤其涉及员工切身利益的问题，更要讲信用。如，对赏罚、奖金与福利待遇等制度，定出的就一定要执行；对许诺培训、升迁等问题，要说话算话。同时在员工权力、人员制约等方面，更要讲信用。

诚信对于一位管理者来说至关重要。一旦失去诚信，就很难重新获得。任何一位希望有所建树的管理者，要谨小慎微地保护好你的诚信，照顾好它，永远不要把它丢失。管理者守信，核心是对员工负责。诚信的主要含义是无欺、守诺、践约，对管理者来说，若要坚守诚信，在工作中就要做到以下几点：

1.承诺前要深思熟虑

如果不能完全肯定自己能够兑现，那就不要承诺。承诺要全心全意，要保证它能不折不扣地实现。当你说“完成这个任务后，我给你们加薪”时，你心里要确保这个承诺一定能够实现。

2.按时兑现承诺

承诺后，你要时时记住这个承诺，并在他人提醒你之前兑现它。当他人提醒你时，也就是他们看到了你想拖延不履行承诺的一面。这是他人对你的信任发生危机的前兆，因此千万不要给别人留下你不讲诚信的印象。

3.恰当处理意外情况

凡事都可能出现意外，承诺也是如此。当因为意外原因使你的承诺没有办法兑现的时候，你就应该采取积极措施，开诚布公地与接受你承诺的人重新进行商洽，并且这件事要尽快做，不要等到火烧眉毛。如果员工们知道你一般总能恪守承诺，即使在无法实现时也会尽可能地和他们进行协商，想办法补救，他们就会相信，你是一个可以依靠、可以信赖的管理者。

言出必行的守信作风，永远让人尊敬和敬佩。管理者要做到慎重允诺，就必须坚持“言出必践，不许空诺”的原则。言必行，行必果，将会使你有不小的收获。

大度地承担责任

谁都会犯错误，可怕的是在错误面前互相推诿责任。上下失信，管人不力的局面往往是由于管理者对错误回避的态度造成的。管人者要拿出勇气，大度地承担责任——甚至那些本该属于下属的责任，这是一种胸怀，也是一种高明的管人策略。

东汉钟离意因为很有才能，被提升为尚书仆射。有一年，一伙匈奴人来投降汉朝，明帝大喜，遂命令钟离意负责赏给他们绢绸。不料手下的郎官办事不细心，多给了匈奴人一些绢绸。得知此事，明帝大发雷霆，下令要对郎官用酷刑。作为此事的负责人，钟离意自知责任重大，便匆匆觐见皇上，叩头请罪道：“做事犯错，人人在所难免，既然事情已经发生，就应当以官位的高低来定罪。这件事由我负责，所以论罪也应当从我开始，从重处理。郎官是我的下属，应当从轻处理。请皇上明断！”说着就要脱去衣服接受惩罚。明帝见钟离意敢于承担责任，情愿接受惩罚，怒气也就随之消了一大半，即令他穿上衣服，免去惩罚，也宽恕了郎官。

下属也是人，不是为你赚钱的工具。既然是人，他就要追求成就感，他就怕办错事大祸临头，丢了饭碗。趋利避害是所有人的天性使然。因此，作为领导者，不仅要让下属分享你的胜利成果，更为重要的是，当下属办砸了事、犯了错，领导者要主动承担责任，为其开脱，并鼓励他重新振作起来，千万不能将其一棍子打死，或采取落井下石的态度。

其实，领导者决策失误是难免的，因决策失误而使工作不理想时，尤需要警惕。上下级双方都考虑到责任，就会避免产生推诿的心理。

一名经理生气地问道:"这件事是由谁负责的?"这个问题使一家化学公司的会议室笼罩着一层乌云。这家公司刚失去了一个大客户,而抢走这位客户的是这家公司的竞争对手,这让经理感到十分气愤。在场的人都显得坐立不安,而这位经理继续说:"我要找出搞这件事的人,等我找到这个人,定会让他死得很难看。"当这群部门主管离开会议室时,有人说:"我想我们今天晚上都要去准备履历表了。"

上述的经理急欲找出使公司丧失大客户的罪魁祸首,然后把责任完全推到他身上,这么做只会适得其反,因为他的下属在接下来的几天,只会忙着互相推卸责任,而不会想办法找回这位客户。如果这位经理将失败当作学习的经验,并趁此机会找出公司需要改善的地方,那么还可以从失败中学到一些教训。好的领导者专注于解决问题并主动承担责任,而非忙着责怪他人。

把过错归于下属,或怀疑下属没有按决策办事,或指责下属的能力,极易失人心,失威信。

面对忐忑不安的下属,勇敢地站出来,自咎自责,紧张的气氛便会缓和。

如果是下属的过失,而你却责备自己指导不利,变批评指责为主动承担责任,更会令下属敬佩、信任、感激你。

与下属共同承担责任

在用人过程中,领导者不仅应该让下属承担相应的责任,使他承受一定的压力,而且自己也应该承担一份责任,双方职责分明,荣辱与共,这就是与下属共同承担责任的全部含义。

为什么在用人过程中,领导者要十分强调与下属共同承担责任呢?

道理很简单,任何下属在接受上级委派的任务时,都会产生强烈地追求“安全”的心理要求。这种心理要求,具体表现在两个方面:其一,对自己,最好少承担甚至不承担责任,尤其是在接受没有多少“把握”的任务时,更希望上级能让自己“不承担”明确的责任;其二,对上级,希望领导能替自己多分担一些责任,倘若能听到上级这样说:“你就大胆干吧,出了问题我负责”,那就再好不过了。显而易见,前一种心理要求,含有很多消极因素,容易使下属滋生不思进取、畏缩不前的惰性;而后一种心理要求,却是正当合理的,应该予以适当满足。

俗话说得好:“压力出水平。”领导者在交给下属某项任务时,不应仅赋予他相应的权和利,而且还应让他承担与其职权相称的一份责任,这样做,能使他感到一种压力。而一定的压力,能转化成一定的动力,又能转化成一定的效率和水平。在这里,关键在于掌握好压力的“度”。压力过大,会把下属压垮,使其不敢接受任务;压力过小,又起不到鞭策、鼓励作用。唯有压力适度,责任与职权相称,下属才能出色地完成任务。

在让下属承担相应责任的同时,领导者也别“忘了”承担自己应负的一份责任。因为自己作出的决策,并非“万无一失”“绝对正确”,其中很可能包含着不正确的因素,有时甚至是完全错误的。再加上下属在执行任务的过程中,还会受到多种不确定因素的干扰和制约。因此,谁也不能保证下属的“行为轨迹”会完全沿着领导者的“思维轨迹”前进,即使遇到暂时的挫折和失败,也是不难理解的。因此,敢于为下属撑腰壮胆,敢于在必要时替下属分担责任,不仅体现了一个领导者的道德品质和领导水平,而且直接关系到上下级之间能否建立起互相信赖、互相支持的融洽关系,关系到整个管理机器能否正常运转。倘若下属偶有过失,领导者就把他当作“替罪羊”抛出去,自己却不承担丝毫责任,那么,还有哪个下属愿意再为这样的领导者“效劳”呢?

在通常情况下,下属尽管存有希望少承担甚至不承担责任的心理要求，但他自己也认为这只不过是一种不切实际的“奢望”。只要领导者能够实事求是地按照委派任务的性质，让他明确承担相应的责任，下属一般还是愿意接受的。问题的关键在于，几乎每个下属都希望上司能够替自己分担一些责任，对于这一正当的心理要求，倘若领导者不能痛快地予以满足(哪怕“部分”满足)，则下属是绝难忍受的。一旦遇到是非纠葛，下属就会为了自卫而对领导者作出强烈反应。

由此观之，与下属共同承担责任，关键不在于如何满足下属的第一种心理需求，而在于能否尽力满足下属的第二种心理需求。在这方面，各级领导者应注意以下六点：

(1)向下属布置任务时，领导者不应故意回避自己应承担的一份责任，这是处理好上下级关系的大前提。

(2)领导者必须明确区分哪些是下属应负的直接责任，哪些是自己应负的领导责任，绝不要含糊其词，模棱两可，让下属听了心里没底，或者感到“安全系数”太小，似乎有“空子”可钻。

(3)说话要留有余地，切忌凭空许诺，大包大揽。有的领导者喜欢拍着胸脯对下属说：“出了问题我负责！”这样做，表面上看上去似乎给了下属一张“护身符”，实际上有头脑的下属并不相信自己的上司果真能够承担一切严重后果，过分的承诺，反而容易使人产生怀疑。领导者的大包大揽，还容易诱使下属放松警惕，给工作造成一些不必要的麻烦或损失。

(4)应当看到，下属承担责任和领导分担责任，本就是两个紧密相连、互相制约、缺一不可的“环”。领导者替下属分担责任的目的，不仅是为了使下属增添几分安全感，更重要的还在于有意培养和增强下属对领导者的信任感，使下属愿意承担自己应负的“直接责任”。

(5)领导者一旦向下属作出分担责任的许诺，就应该遵守诺言，绝不反悔。当下属果真遇到不应由他负责的挫折和失误时，领导者不仅应该马上“兑现”自己的承诺，而且还应该向下属明确表示，愿意为下一个行动计划继续分担责任，以此来鼓励下属进一步树立战胜困难的信心和勇气。

总之，承担责任，一要分清职责，二要适度。在此基础上，领导者要严于律已，敢于为下属分担责任。只要做到这些，下属就会心甘情愿地服从上级的调遣，整个用人行为才能取得预期的良好效果。

秘诀十

解决“忘恩”问题

企业员工流失是企业感恩文化负面效应的集中反映，营造企业感恩文化氛围也是留住员工和使已流失的员工再主动回来的有效途径。一个优秀的企业除了事业留人、待遇留人、工作环境留人外，更重要的还是情感留人。留人先得留心，对员工多进行一些感情投资，员工就会记住你的情，就会对你充满感激，也就会对你忠诚。

感恩是一种反哺

在中国文化中,如果对父母、长辈不孝顺,那这个人将遭到所有熟识的人的唾弃,而一个人如果对自己的父母、长辈够孝道,那么他将受到所有熟识的人的赞扬。对此,我们每个人都感同深受。

孝文化在中国源远流长,传统孝道盛行千年,是中华民族的文化珍宝。历史与现实中,无论何人,自家的长辈总是要孝敬的,否则,非人伦也。

《孝经》说,孝是"德之本也,天之经也,地之义也","教民亲爱,莫善于孝"。

儒家学说称"百德孝为先","孝"为所有美德的本源,一切教化由此产生。

曾国藩说:"读尽天下书,无非一孝字。"

西方大哲黑格尔在研究中国文化时也曾说:"中国纯粹是建筑在这样一种道德的结合上,国家的特征便是客观的'家庭孝教'。中国人自己看作属于他们家庭的,而同时也是国家的儿女。"

西方思想家马克斯·韦伯说,中国人"所有人际关系都以'孝'为原则"。

……

在传统文化的教育下,中国人特别强调一体的关系,如祖宗与子孙一体、父母与子女一体、夫妻一体等,这种关系本身突出他们之间的血缘、社会关系以及情感等方面的紧密的互相依赖的关系。这种关系,如果用社会学的语言来表述的话,就是一种"反馈模式"或称为"反哺模式"。在孝的理念下,"上以事祖先"、"下以继后世",这与西方家庭无需赡养的"接力模式"完全不同。

每年春节，成千上万的外来工带着大包小包搭上拥挤的列车，为的只是常回家看看，这不正是一种“孝”反哺的写照吗？

这种以孝为基础的纵向反哺模式，事实上完全可以作为中国企业构建感恩文化的基础。可以说“孝行”是实现感恩的核心所在。

在许多电影和电视剧里，我们经常看到，一个人可以为另外一个人“以死相报”，哪怕另外一个人是一个十恶不赦的大坏蛋，就是因为另外这个人对那个人有“救命之恩”，而救的命并不一定是他自己的命，而是他父母或家人的命。这可以说是对“孝”的最好地利用，虽然有一些卑鄙。

所以，企业如果想让员工对你感恩，那么以“孝”为出发点，势必会产生良好的效果，这也是一种交换的原则。

良子是一名牌大学毕业的学生，现在在深圳一家公司任职。由于工作能力突出，良子的职位每两年得到一次提拔。工作五年，也就是2006年，良子晋升为公司的部门经理，年薪十万元。

五年来，良子广泛结交业界精英和成功人士，工作能力得到业界的认同。在一家企业工作五年是职业规划的关键时期，有的公司开出更高的职位，或是更优的待遇，想把良子挖走。面对各种诱惑，是去是留，良子内心有了第一次激烈的斗争。

这个时候，公司为员工做了一件小小的事情，让良子彻底打消了走的念头。

这年中秋节，公司专门从香港为外地员工每人订购了一盒月饼，在中秋节前几天，连同一份由公司董事长签字的中秋慰问信，寄到每一位员工的家中。

良子的家乡是河北南部一个山旮旯的农村。他的父母中秋节收到这盒千里之外的月饼，受宠若惊，这可是整个村子以前听都没有听说过的事情。整个村子的乡亲们都来了，良子的父母把月饼每人一小口分给乡亲们吃，还请了村里一名高年级的学生大声朗诵公司的慰问信，公司董事长在信中说每一个员工的父母都是企业的亲人，诚恳地感谢良子的父母把儿子培养成人，盛赞良子几年来为公司作出了很多贡献，对中秋节良子仍然留在公司，未能回到父母身边孝顺两老，表示衷心的歉意和诚挚的慰问等等。这名高年级的学生还没把信读完，良子的父母和村里的老人一个个感动得眼泪汪汪，感叹不已。

中秋节那天，良子的父母打电话给儿子，就说了一句话：“娃啊，这么好的公司，这么好的老板，一定要好好听老板的话，好好为公司做事，全村人都为你感到光荣啊！”

国庆长假，良子回到河北老家，看到父母把公司的慰问信贴到墙的正中央，墙的周围是良子从小学读到大学各式各样的奖状。良子看完慰问信，对公司、董事长的感激和忠心油然而生。国庆长假，良子经过认真思考，彻底打消了犹豫不决的念头，决定继续留在公司。

通过这则案例，可见，构建企业与员工之间的感恩文化并不难，只要企业用心去做，坚持去做，就一定能够取得意想不到的效果。

也许本文夸大了“孝”的能量，但是，大多数的女人都喜欢别人夸赞自己的孩子，那样脸上就笑开了花，而大多数的男人都希望别人尊重自己的父母，那样心里就美滋滋的，这是一个无可争议的事实。

当然，对一个连“孝”为何物都不知道的员工，这样做是没有什么用处的，而反过来，这样的员工你也留不住，也就不用白费什么“心机”了。连自己的父母都不知道感恩，他还能感恩于你？再细想一下，这样的员工，即使再有才能，你敢用吗？

对下属多进行感情投资

优秀的领导，都懂得如何运用感情攻势俘获自己下属的心。人们只有在良好的环境中，才会产生极大的工作热情和积极性。因此，在人与人之间的感情日益淡化，竞争日益激烈的今天，利用感情攻势已是领导者不可或缺的“秘密武器”之一。人都是有感情的,而领导者适时地对下属进行感情投资,会收到意想不到的奇妙效果。

某大型集团公司的总经理,有一次因疏忽,使公司蒙受了重大的损失。这个总经理因为这件事非常自责,经过再三考虑,他向董事会递交了辞呈。但是,董事长握住了总经理的手,董事会并没有批准他的辞呈。而且还深情地对他说:“你已经非常的出色了,我们不希望你就这样走了,那样将会是我们公司的损失。”总经理立刻被感动得热泪盈眶,表示为了挽回自己的过失,将会更加地努力工作。在以后的工作中,这位总经理果然是更加努力地为公司工作,为公司赚取了一笔又一笔的巨额利润。

我国自古就有滴水之恩,当涌泉相报的传统。在用人的手段中,不仅只有物质上的投入可以获得回报,情感上的投入也可以收到意想不到的效果。

1.进行感情投资,可以有效激发员工的开拓意识和创新精神,使员工鼓足勇气,不会“前怕狼后怕虎”,让他们工作起来没有后顾之忧。人的创新精神地发挥是有条件的,当人们心中存有疑虑时,便不敢创新,而是抱着“宁可不做,也不可做错”的心理,只求把分内的工作做好就行了。如果领导能够对员工进行感情投资,建立起充分的信任感、亲密感,就会有效地消除员工心中的各种疑虑和担心,从而更愿意把自己各方面的潜能都发挥出来。

2.进行感情投资,可以有效地激发下属们的潜在能力,使下属产生强大的使命感与奉献精神。在得到了领导的感情投资后的下属,他们内心深处会对领导心存感激,认为领导对自己有知遇之恩,因而“知恩图报”,愿意更加尽心尽力地工作。

3.进行感情投资,会使下属产生“归属感”,而这种“归属感”正是下属愿意充分发挥自己能力的重要源泉之一。人人都不希望被排斥在领导的视线之外,更不希望自己有朝一日会成为被炒的对象,如果得到了来自领导的感情投资,下属的心理无疑会安稳、平静得多,就更愿意付出自己的力量与智慧。

因此,优秀的领导,多对下属进行感情投资,也是他们笼络人心的“法宝”之一。只有通过感情投资,才能使下属感到自己受到了领导的重视与关爱,感受到心灵的温暖。而在下属的心里,也会愿意更加踏实地工作,尽己所能,充分发挥自己的潜在力量。

其实,领导对下属进行感情投资,方式也是有很多种的,其中最常见的就是语言上的鼓励。语言是进行感情投资的重要方式,它不仅能够打开下属心灵上紧闭的窗户,也是人与人之间进行交流和沟通的重要手段。利用言语上的鼓励对下属进行感情投资,这对领导来说不仅简便易行,而且还有着独特的优势。由于领导与下属之间的不同位置,而且下属在人数上也颇多,如果某位下属能够得到领导言语上的鼓励,那他就会在感情上掀起一番波澜,更加忠心于你。

利用语言进行感情投资时,就要把握好时机了,最好是在以下几个时刻内进行:

1.当下属提出创意,勇于表达自己的不同意见时

对敢于提出新看法尤其是与领导不同的看法的下属,领导们往往都会有点儿反感。然而,如果你想成为一位成功的、能够牢牢抓住下属的心的领导,就必须改掉这种弊病。对于他们,不应反感,还要对他们加以鼓励。暂且抛开他们的意见的正确性,就其勇气和精神也是值的表扬和鼓励的。

2.当下属在工作中碰到困难时

无论做什么工作,都会碰到一些难题。这时,管理者就应该表示理解和支持,而不是批评和嘲讽。只有这样,才能充分鼓舞起下属的勇气,使其努力克服困难完成工作。

3.当下属顺利完成工作,取得较大成绩时

如果说一位下属辛苦地完成了一项工作,在交差时领导的态度冷淡,反应平平,那么他就会感到自己受到了伤害,甚至还会在心里说:“以后我再也不会如此卖力了。”相反地,领导若在此时能够表扬下属

几句，表示出对他的理解，并鼓励他以后好好干，那么结果就会与之截然相反，下属就会觉得领导很重视自己，对自己的努力是心中有数的，工作起来就会更加努力。

其实在大多数情况下，下属们对领导的要求并不高。只要能够得到领导的承认，获得领导言语上的鼓励，就已经很满足了。同时，他们也会因此而感到领导对自己是有感情的。因此，领导若是能够适时地给下属一些言语上的鼓励，就能拉近与下属间的距离，激发他们的干劲和热情。

真情实意最能打动下属

人是这个世界上最富感情的一个群体，“情感投资”可以说是现代公司或企业领导调动下属积极性的一个重要手段。

最能打动人心的，恐怕莫过于真情了，因此情感攻势是领导者做好工作，笼络下属的非常重要的手段之一。如果领导者能自觉地运用情感，涌动起感情的力量，并用它去动员、感染、影响周围的下属，就能对公司的发展形成巨大的推动力。

相信大家都看过三国演义，刘备之所以能够三分天下占其一，就在于他用人之时重在一个“情”字。以情感人，可以说是刘备的一绝，在这方面谁跟刘备相比都会相形见绌。

刚开始的时候，徐庶替刘备运筹帷幄，连打两次胜仗。但是曹操却只想着如何把徐庶挖走，刘备当然不干，但他除了抹眼泪，并没有听别人的意见死留徐庶不放，而让曹操把徐母杀了。刘备一路流泪送徐庶，徐庶大受感动，于是向刘备推荐了比自己更胜一筹的诸葛亮。刘备的江山可以说是越哭越稳，说的主要就是刘备能够擅长以情动人，使部下心甘情愿为他去打天下。

当然，刘备一生最为人所称道的事情还是三顾茅庐。刘备不顾风雪，诚心诚意的三次来到茅庐请诸葛亮出山，并且对诸葛亮的态度也很恭敬，这在心理上就已经极大地满足了诸葛亮的虚荣心。最终诸葛亮被刘备的诚意所打动，答应了刘备，给他提出了《隆中对》，奠定了刘备的立国纲领，指明了他事业奋斗的方向。他对诸葛亮除了亲自“请之”，自己“以师事之”，还教育关羽、张飞等一班手下对其“敬之”，让刘后主“以相父呼之”。在他临终之时还叮嘱诸葛亮，倘若刘禅不成器，其还可以取而“代之”。如此用情良苦，也难怪诸葛亮要对他鞠躬尽瘁，死而后已了。

而像关羽、张飞、赵云、马超、黄忠等一班武将，刘备则以兄弟之情待之。桃园三结义，有时甚至超过了骨肉之间的亲情。例如，当赵云大战长坂坡于百万敌师之中救回刘阿斗时，刘备刚接过手里，第一句话就是“为汝这孺子，几损我一员大将”，说着就要去摔孩子。当时刘备心里到底是怎么想的，我们暂且不论，只是有一点值得一提，那就是刘备此时大唱了一段感情戏，从更深处抓住了赵云的心！

刘备请诸葛亮，说穿了也是一个“情”字和“泪”字，因为他当时不可能给诸葛亮解决任何问题，什么爵位、官职、金钱、妻小的安置等都谈不上。连他自己都是寄人篱下，暂住新野这么个小县城，可诸葛亮就是冲他那份情才出山的。两相比较，刘备的求才术虽然没有曹操气魄大、手段多，但争取人心这方面却十分高明。

与曹操相形之下，刘备更是知道自己的实力根本无法与之相抗衡，不能像曹操那样对自己的下属们封官许愿。但是，他仅靠一个“情”字，却完成了他的一方霸业。如果说关羽没有被曹操拉过去是因为拜过兄弟，那么赵云则完全是刘备掉眼泪给“硬拉”过来的。赵云本是投奔在公孙瓒帐下的，只是当刘备出兵去救徐州之时，兵力实在是太弱，就向公孙瓒提出借用赵云。打完仗后，刘备硬是拉着赵云一个劲儿地流泪，不舍分手，最后感动得赵云也掉下了眼泪。后来公孙瓒战败身亡，赵云无处容身就到处找刘备。当时的刘备十分寒酸，也只能利用感情上的攻势,将赵云留在了自己身边。

曹操虽然财大气粗,搜罗了大批的人才于自己的麾下,但不是所有的人对他都是忠心的。徐庶的人虽然来了,却“身在曹营心在汉”。在赤壁大战时,诸葛亮、周瑜的一系列计谋,徐庶都很清楚,可就是不给曹操点破。还有司马懿,论才能与诸葛亮不相上下,到后来不还是他们父子合伙把曹家的江山给夺了去?说白了,曹操只是在身体上征服了他的下属,但却没有在心理上征服他们,这与刘备比起来就有点儿相形见绌了。

其实,将这套理论运用到现在的管理上,也是完全可行的。假如一个人生活在温馨友爱的环境里,那么就会懂得尊重、理解和容忍,产生愉悦、兴奋和上进的心情,工作热情和效率都会大大提高。相反,一个人生活在冷漠、争斗和尔虞我诈的环境中,情绪就会低落、郁闷,工作热情就会大打折扣。因此,领导在实施“情感投资”时,必须抓住一个“心”字,与下属互相交心、以心换心,大打感情攻势。

现在的一些领导者总是感叹公司太穷、单位太小,人才招不来,招来了又留不住。可是他们都没有想过,你对下属们动过情吗?由于受我国传统思想的影响,物质待遇固然很重要,但是从某种程度上来说,精神上的待遇也是很重要的。要知道如今的市场经济最讲究的就是竞争,而其实质就是人才的竞争。如今,各企业都在讲如何“爱才”、“得才”,都在使绝招,大打“人才牌”,仿佛又回到了昔日人才大战的三国时代。作为一名出色领导者,也不妨学学古人的“感情仗”!

多关心下属的疾苦

无论在任何公司或企业,只有全体员工同心协力,才能保证公司获得最终的成功。而这首先就要对下属们的心灵进行安抚,领导就要多关心员工们的生活和疾苦。对他们遇到的感情波折、事业挫折、病痛烦恼等做到及时地疏导，帮助他们建立起良好、正常、健康的人际关系，进而赢得下属对公司的忠诚，使整个企业结成一个团体。这样的领导才是真正会要“手段”的领导。

有个典型的例子，摩托罗拉的总裁保罗·高尔文的对下属的管理。

保罗·高尔文不仅本人辛苦工作，而且还很重视自己的员工，对他们都以诚相待，也正因为如此，才有许多人愿意追随在他的左右。

他之所以能取得下属的依赖，最重要的就是他重视下属的感情和尊严，并且时常奖励那些创造能力强的下属。他对下属的关怀，早已扩展到了雇佣关系之外，在他听到自己下属的家人生病时，就会打电话探询：“你真的能够解决吗？如果有问题的话，可以跟我说，我这里有看这种病最好的医生。”

还有一次，有一个在一条生产线上作业的年轻小伙子，他的父亲由于身患癌症，只能在家养病。高尔文在了解到这个情况后，就叫这个年轻小伙子回家照看他的父亲去了，而他的工资还是全部照发。此外，他还曾为自己的一位员工的子女交纳上大学的费用，为一个员工的妻子交纳分娩费……

这些行为不只是出现在员工遇到极度困难时，在平日里，若是下属们遇到困难时都能够得到他的帮助。在他们公司有位采购员，忍着牙病工作，但因为生意不景气，还是耽误了不少。高尔文在看到这个情况后，就劝他去找医生。做完手术后，手术费高达200美元，这在当时可是一笔相当大金额。可是这位采购员从未见到过账单，他每次向高尔文询问时，得到的回答都是：“我会让你知道的。”

几年之后，当这位采购员的生活明显改善的时候，他直率地告诉高尔文要偿还他所支付的那个账单。当高尔文问他为何如此关心这件事时，这位采购员说，他还钱只是为了能帮助其他员工医好牙病……

就是在这样一种环境下，经过头几年的艰苦奋斗，他的企业终于有了起色。他告诉与其一起创业的合伙人说，他们在工资之外，还应分到公司增加的财富。他要他们理解，他们在公司的未来岁月中，都将会受到公平地对待，并给他们每人送了一些股票。当时他是这样告诉自己下属的，“我不要你们跟我一辈子，只靠工资为生。我希望你们和你们的家庭在公司中也是股东，因此，一直到退休，你们都会有奔头。”

与其他的传奇富商相比，高尔文更以公司为生命。他自述时也曾说道，他曾强烈地意识到：他必须用真诚的感情说服他的下属和员工，使他们认识到“一个公司只有在他的下属和员工参与后，才能发挥效能，否则，他只能是一潭死水”。他取得的成功，就是他的员工对他的尊敬与爱戴的结果，没有在那个困难的时代倒下去，并且帮助公司屹立至今的员工们，组成了这个集团忠诚的核心，同时也创造出了今天的辉煌。

而作为一名领导，关怀自己的下属，也需要用上一定的“手段”，不要让你的下属觉得你那样做很做作。要多注意倾听下属的意见，给予他们生活上的帮助。这意味着管理者要真心帮助员工解决问题。一个优秀的管理者不仅要帮助员工把工作做好，还应该关心员工的生活，在自己的能力范围之内帮助其解决难题，使之安心工作。还有就是要把下属当成良师益友。简而言之，如果管理者希望管理有方，就必须与员工建立良好的关系，而良好的关系又建立在双方互相信任的基础上，这样就能给员工坚实的臂膀。

有一天，美国钢铁大王卡内基的一个年轻下属，因为找他找得有点儿着急上火，嘴角都起了水泡。见到卡内基后，他说是因家乡的房屋拆迁他的妻儿失去了住处，需要请假回家安排一下。当时因为业务很忙，人手较少，卡内基就不想放他走，就说“个人的事再大也是小事，集体的事再小也是大事”之类的道理来安慰他。不料这位青年下属被气哭了，气愤地说道：“在你眼里是小事，可在我眼里却是天大的事。我妻儿都没住处了，你还让我怎么安下心来工作？”卡内基当时就被这番话给震住了。他立刻向这位下属道了歉，准了他的假，还亲自到这位下属的家中去探望了一番。

其实，关心下属疾苦，就要站在下属的角度考虑问题，这样才能解决下属的后顾之忧。一个优秀的领导，不仅要善于利用下属，还要懂得替下属排忧解难，以此来唤起他内在的工作主动性。让下属保持生活的安稳，这样才能集中精力，全力以赴地投入到工作中去。为此，作为领导者应尽量做到以下几点：

1.要摸清下属的基本情况

领导要时常与下属谈心，关心他们的生活状况，对生活较为困难的下属的个人和家庭情况要心中有数，要随时了解下属的情况，弄清下属后顾之忧的核心所在，以便于对症下药。

2.领导对下属的帮助也要量力而行，不要开出实现不了的空头支票

领导分担下属的困难要本着实际的原则，在力所能及的范围内进行。帮助可以是精神上的抚慰，也可以是物质上的救助，但要在组织财力所能承担的范围内进行。

3.领导对下属的关心必须出于一片真心

作为领导必须从事业出发，实实在在，诚心诚意，设身处地地为下属着想，要体贴下属，关怀下属，真正地为他们排忧解难。尤其是要把握好几个重要时机：当重要下属出差公干时，要帮助安排好其家属子女的生活，必要时要指派专人负责联系，不让下属牵挂；当下属生病时，要及时前往探望，要适当减轻其工作负荷，让下属及时得到治疗；当下属的家庭遭到不幸时，要代表组织予以救济，及时伸出援助之手，以缓解不幸给下属造成的损失。

用微笑管理员工

微笑也是一种掌控员工、笼络下属的一种“非常”手段。换位思考一下，假如让你作为下属，你是喜欢笑脸常开的人呢还是喜欢整天板

着脸、面无表情的人呢？大部分的人应该都会选择前者吧，既是如此，身为领导的你为何不投大家之所“好”，充分利用微笑这一“武器”，帮助自己进行人员管理呢？

在现实生活中，微笑也是组织良好的人际关系、调节各种矛盾的润滑剂。微笑就如同阳光一样，能给你的下属带来温暖，使他们对你产生谦和、平易近人的良好印象；微笑能够缩短你与下属间的距离，心理上产生共鸣。

虽然微笑不能代替有效的管理制度和方法，但微笑却有任何好制度、好方法都起不到的大作用。对下属的工作不能吹毛求疵或鸡蛋里挑骨头，而要多做正面肯定，发现长处，发掘优点。可以想象，作为领导的你整天将一副严肃、生硬的面孔扣在下属心上，下属们整天战战兢兢的，哪里还能积极、主动地发挥自己的本事，哪里还能保证做好工作？在这种情况下，无论企业的管理制度、管理方法怎么完美无缺，也都难以让企业创造出一个令人满意的业绩来。

但若是企业的领导时刻都在用微笑面对每个下属，就会在企业内创造出一种和谐融洽的气氛，驱散上下属之间、同事之间可能存在的阴霾，让下属心情舒畅。不仅能使每个人尽心尽力、积极主动地工作，而且还相互支持、相互帮助，形成一个所向无敌的高效团队。只要形成了这样一种团队，就算困难再大，也是能够轻易克服的。其实，这本身也就直接构成了企业的核心竞争力，能够有效地保证企业持续地稳定的发展。

有一家生产合金产品的公司，由于公司多年来的生产效率一直不高，所以利润也很低。直到后来一个名叫罗伯茨的人出任总经理，他认为重视员工，开发员工潜力是振兴公司的根本。于是，他就在《华尔街日报》推行了一个称之为“地道的老式笑话”的计划，到处张贴夸张的标语，强调领导与下属之间的沟通，明确要求领导对下属们时刻保持微笑。车间的墙上贴着：“如果你看别人不笑，你偏对他笑”，“热爱工作才能成功”。每张标语下边都有署名：“老罗”。

老罗，就是这位总经理罗伯茨，人们都亲昵地称他“老罗”。老罗大部分时间乘坐着高尔夫球小车在厂内巡逻，跟工人们打招呼、开玩笑、和他们对话，全厂两千多名工人的名字他几乎都叫得出来。他还花许多时间，同工会交往。当地工会负责人说：“他请我们参加他的会议，让我们知道工厂的状况，真是难得呀！”而这家公司的标志就是一张微笑的脸，公司的信封、信纸、文具盒、厂房乃至工人们的头盔上都有这张微笑的脸的标志。这家公司的总部就设在俄亥俄州的某市，以致后来人们都叫这个城市为“微笑市”。在罗伯茨任职的几年里，公司非但没有再次注资，而且还令生产效率提高了尽80%，利润也得到了大幅提高。

由此可见，通过微笑实施管理，就是在强调领导们要发自内心地尊重、信任和关怀下属，不要视下属为路人、为仇敌，甚至为发泄自己不满情绪的出气筒。而且微笑管理还是一个不需要增加投入的管理。它不需要任何人力、物力、财力地投入，需要的只是领导者发自心底的一个微笑——轻轻地面部肌肉运动而已，但这却是一种能给企业直接带来经济效益的高效管理。

微笑应该是发自内心真诚的笑，也应适度、有节制。不能理解成打哈哈的无原则的滥笑，也不能理解成笑里藏刀的“笑面虎”。

(1)无原则的打哈哈之笑，只会让你的下属觉得你毫无内涵，虚伪又做作，从而对你的印象大打折扣。

(2)“笑面虎”的笑是暗含恶意的笑，他的笑容下隐藏着不可告人的动机，是为了达到某种目的的虚伪之笑。

领导者所应推崇的微笑管理，应该是真挚的、发自内心的，是自己乐观心态地真实体现。同时，还应把这种乐观的情绪传染给你身边的每一位下属，让他们时刻保持着愉悦的心态，这样才能笼络住他们的心，充分发挥自己的才能，为公司谋得最大的利益。

感人在细节

“乌鸦有反哺之恩”,“羊羔有跪乳之德”, 中华民族是一个有浓厚人情文化传统的优秀民族。企业内部的感恩文化不单单是指企业员工共享企业发展成果和福利待遇,更多的是整个企业的人情味,这直接体现在企业对员工的尊重程度上。

无论古人还是今人,他们都不是木头,都是有情感的,领导对于自己的员工投入真情实意,是最能感动员工的。

古人有云:动人心者莫过于情。情动之后心动,心动之后理顺。

《三国演义》里刘备摔阿斗的故事就是一个“用情感收买人心”的典范。

当阳长阪之战是曹操、刘备两军的一次遭遇战,骁将赵云担当保护刘备家小的重任。由于曹军来势凶猛,刘备虽冲出包围,家小却陷入曹军围困之中,赵云拼死刺杀,七进七出终于寻到刘备之子阿斗,赵云冲破曹军围堵,追上刘备,呈交其子。刘备接子,掷之于地,愠而骂之:“为此孺子,几损我一员大将!”赵云抱起阿斗连连泣拜:“云虽肝脑涂地,不能报也。”

刘备摔阿斗,其精彩处在于:既收买了赵云誓死随主之心,又教育和感化了当时在场的所有文武随从,起到一石二鸟的作用。

仁爱兵卒,仁爱部下,无非就是要求为将者如何动之以情,统一军心,达到制胜的目的。可见,刘备对此是有深深地体会的。要不,他就不会有这样惊世骇俗的举动。

管理心理学研究表明:一个人生活在温馨友爱的集体环境里,由于相互之间尊重、理解和容忍,使人产生愉悦、兴奋和上进的心情,工作热情和效率就会大大提高;反之,其工作热情将大打折扣。

“情感投资”是企业管理的重要软件投资。做好情感投资，能够减少企业员工的流动，降低企业的人力资源成本；能够调动员工的工作积极性，增强企业的凝聚力，从而增强企业的市场竞争力。因此，重视“情感投资”，已经成为许多成功企业家的制胜法宝。

1997年10月，中国惠普公司总裁助理高建华突然要求离开惠普，去了苹果公司。高建华走之前，中国惠普公司老总请他吃饭，当时，高建华说了很多惠普的不当之处，老总不但不介意，反而对他说：“你在外面闯闯，锻炼锻炼没啥，如果有朝一日当你感到不舒服，想回来的话，我给你最后的offer(帮助)，随时随地你只要打一个电话，马上就可以回来。”这番话很有人情味，实际上，高建华在苹果公司仅仅两年，又回到了惠普。

“情感投资”不在于资金的多少，而在于细节上的功夫。

许多小事，看似不起眼，对感化员工却非常有效：

——在员工生日时，企业送上生日蛋糕，表示祝贺；

——员工生病住院，班子成员集体前往看望；

——员工工作、生活遇到麻烦、遭遇困难，企业及时了解情况，帮助解决；

——逢年过节，登门拜访老员工；

——喜庆日，召集员工聚会、联欢；

……

润物细无声，细微见真情，员工的尊严、员工的利益、员工的主人翁地位和企业以人为本的精神充分体现了，我相信我们的员工将时刻铭记企业的恩情，以满腔的热情，无比的激情，投身工作，奉献企业。

当然，我们必须明确的是，感恩本质上是一种自主行为。善举和感恩不同于市场交换，不遵守等价交换原则，也没有什么硬约束。有恩必报是一回事，有恩不报是另一回事，强求无益。

感恩不能强求

优厚的待遇的确能使员工安分工作，但这永远是消极的制度模式，缺乏感恩文化熏陶的、给多少钱干多少活的企业，是没有不懈创造力和持续感召力的。

我们呼唤“感恩的心”，可是，我们的错误就是犯了“强求”的毛病，总是不断强调员工要对老板“感恩”，要向《致加细亚的信》一书的主人公罗文学习。

我曾听到管理者在大声教育站成一排规规矩矩听训的员工：“你们要懂得感恩，是老板给了你们薪水，给了你们就业机会，你们要对企业感恩，对老板感恩。”

其实，回头仔细审视自己的内心：

——你会给一个没有什么能力或能力不合适的人一个工作机会或舞台吗？

——你会因为觉得这个人不错，就给他发高薪吗？

——你会因为员工家庭生活问题，给他发高薪吗？

——你会因为这个人与你的关系不错，给他发高薪吗？

——你会给当年罗文所享有的待遇和文化环境吗？

当然不会，如果会的话，你一定不是个好老板，而适合在民政部门工作。

老板给员工的薪酬多少，一定是衡量员工给自己创造了多少价值，尤其是多少剩余价值来确定的。

假如一个老板希望员工“感恩”是为了以更低的成本来雇佣员工继续为自己服务，假如一个老板在不考虑相对条件和环境时要求员工向罗文学习，是为了以更低的成本来要求员工为自己效力。这其实是十分不公平的，也是不可能长久的，长此以往，这种畸形的“感恩文化”与“罗文精神”必然会直接导致“金员工”的大量流失，给公司带来无法估量的损失。

感恩是必要的，但感恩是从人性中自然流露出来的光明，来不得半点强求。真正的感恩是内在的，不是外在的，是灵魂深层地触动，而不是面子式地作秀。

强求员工对企业感恩，这是本末倒置。如果你今天说要以员工为本，明天又要员工感恩你，倒显露了你的虚伪。强迫员工对你感恩只会增加他们内心的不满和苦楚，对你的企业并没有任何好处。

记住，现在是21世纪，不要再玩这些封建时代的权术。只有你感恩员工，员工才愿意为你效劳。不要说你解决了员工的就业问题，你给员工提供了发展空间，你就可以居功自傲了。凭良心说，你给员工的待遇与员工为你创造的财富相比，差距有多么悬殊呢？

所以，如果员工对你没有感恩，你也不要抱怨员工，这很正常；如果员工对你心存怨恨，你就应该深刻检讨，而不是怒冲冲地对员工嚷嚷：“你们怎么可以恨我，忘恩负义的东西！”把过错推到员工身上，把员工当奴才，自己却想做员工的皇帝。我要提醒这样的老板，你要小心自己沦为乞丐，不仅是精神上的，也许还有物质上的。

感恩是从自性里流出来的，感恩的力量是巨大的，一个真正对企业感恩的员工，一定会全力以赴投入工作之中。但我们必须明白，感恩是双向的，而且必须从企业对员工感恩开始。绝不是你让员工感恩，员工就能对你感恩的。

你希望有一天员工可以对企业感恩，你首先就得对员工产生感恩，你对员工产生不了真实的感恩，休想员工会真心地对你感恩。你若真对员工有了感恩之情，你就会尽最大努力善待员工，若不是这样，那你的感恩一定不真诚。你若能够尽最大努力善待员工，令员工都为之感动，感到不可思议，似乎员工都成了老板，这时候只要还有人性的员工，都会在不同程度上发起对你和企业的感恩。

荷兰皇家壳牌石油公司对墨西哥湾的石油勘探开采非常有兴趣，而墨西哥沿岸正面临严重的海岸侵蚀与破坏。由于在这方面壳牌拥有无人能及的先进技术，于是壳牌全力地投入了墨西哥湾的海岸保护计划，当然它也如愿进入了这一地区进行石油勘探开采。

如果壳牌不这样做，去强求的话，它就永远无法涉足这一地区的石油开采。事实上，你只要给予社会足够的关注，主动承担相应的社会责任，你就会获得来自社会的丰厚回报。

雀巢公司早年在印度的遮普邦投资兴建了一家奶制品公司，但合格的奶源却十分有限，限制了公司的发展。为了使公司获得符合雀巢严格质量标准的足够奶源，它贷款给当地居民打水井，种牧草，提供兽药和兽医技术等，帮助当地发展畜牧业。雀巢公司的努力很快收到了成效，没过几年，当地就形成了较大规模的生产能力，每年可向雀巢公司提供10多万吨符合标准的牛奶原料。

对社会如此，对员工同样如此，管理者对下属有一分的感恩，下属对管理者就有一分的感恩；管理者对下属有十分的感恩，下属对管理者就有十分的感恩。这种感恩是有力量的，你的企业一定会蒸蒸日上。所以各位企管现在不要忙着让员工对企业感恩，你们应该先发起对员工的感恩，则员工对企业的感恩也就不期而至了。

你施恩了吗

现在很多企业对待自己的员工总是单方面地要求员工“感恩”，而把自己摆在“施恩者”的地位，结果导致员工积极性不断下降，企业整体效率不断降低。

我们还是要承认，大多数的国人都是懂得知恩图报的，唐山人抗震救灾的壮举就是一个明证。可没有人给他真正的恩情，他去报答谁呢？

你给他工作，那不是真正的恩；你给他工资，那不是真正的恩，因为他也为你创造了相应的价值，否则你不会用他。而他心里想的是“此地不留爷，自有留爷处”。

那么，就要问一问自己的良心，你是被感恩的对象吗？也就是你施恩于人了吗？你施恩于人是真的吗，没有什么目的吗？是不是被人一眼看穿了呢？

重庆有位店主，被资助学生不知去向，便动用律师将其告上法庭。这位店主所为，已经完全失去了善举的意义，已经成为一种有偿资助。如果是真正的慈善行为，就不应图回报。如果将资助强加上各种条件，这种资助就成了商业行为，投资行为。

感恩是良心地催生。而良心是内在的，内在的良心只能以内在的方式去呈现，否则，就是南辕北辙，缘木求鱼。

不要谈什么职业操守，都说日本人到了一家企业就把它当作自己的家，为什么？因为公司提供的福利，让他们能安心为企业服务终生。

所谓内在的良心只能以内在的方式去呈现，俗话说得好“包子有肉不在摺上”，要看你内在的东西。真正的是施恩于人在内不在外，意思是什么呢？

我们举个例子：

三国时刘备就已经说出了“以人为本”的宗旨，要把老百姓的安全和生命放到第一位。《三国演义》第四十一回“刘玄德携民渡江，赵子龙单骑救主”中，话说曹操三军遍野，兵分八路，踏奔樊城，诸葛亮献计弃城逃跑，刘备带着十余万众老百姓，扶老携幼，将男带女，号泣而行，哭声不绝。看到如此悲切的场面，刘备挥泪三军，几欲投江而死。军队带着百姓，行动缓慢，曹操的铁骑追兵越来越近，将领多次提出要丢弃百姓，先行逃奔，刘备哭着说：“举大事者必以人为本。今人归我，奈何弃之？”刘备危难之际心存百姓，深得民心。

可想而知，这样的皇帝，老百姓怎么不感恩流涕，死心舍命相随呢？

如果企业的管理者能像刘备对待百姓那样对待自己的员工，难道还怕我们的员工不知道感恩为何物吗？

既然爱，何必恨。既然付出，就不要希望有索取。将奉献进行到底，给了物质，也给他精神，不求回报，无怨无悔，只要你过得比我好，这才是真正的善举。只有真正的善举，才会诱发真正的感恩；而功利的善举，只会导致功利的感恩，这对催生真正的感恩是十分不利的，最终也不利于企业的和谐和健康发展。

要知道，智慧的根源是文化，智慧只是文化的一种表现方式。更高意义上的智慧在本质上是一种至为深刻的文化，而中国几千年来的文化最重要的就在于强调一个“善”字，与人为善，才能成就自己。要想真正拥有这种智慧、理解这种文化，我们首先要做到的就是心存善念，拥有一颗懂得施恩的心。

先哲老子说过：“天地之所以长久，以其不自生，故能长生。”这揭示了一个根本的道理，体现了一种利他主义的圣道思想和哲学。一个人成功的奥秘，要看这个人是否拥有主动为别人谋取利益的思想和行动习惯。要想自己有所发展，你应该想办法让别人得到发展；要想自己有价值，你应该想办法让别人的价值得以体现；要想自己成功，你就应该想办法让别人走向成功。

还要特别强调一种恩惠，就是对人宽容。这种宽容，尤其要让人看到你对他人格的信任。

《孙子兵法》中有一段话：“故其疾如风，其徐如林，侵掠如火，不动如山。”一个人若能明辨是非，做事果断，行动敏捷，神情自若，随遇而安，凡事都能宽大为怀，才能成为一个大器的人。

世界上没有十全十美的人才，只要有一长处可用就足够了。

三国时代的曹操曾经说过：“进取之士，未必能有行；有行之士，未必能进取。陈平岂笃行？苏秦岂守信耶？而陈平定汉业，苏秦济弱燕者，任其长也。”

翻译成白话，意思就是说，有进取心的人，未必一定有德行；有德行的人，不一定有进取心。陈平有什么忠厚的品德？苏秦何曾守过信义？可是陈平却奠定了汉王朝的基业，苏秦却拯救了弱小的燕国。原因就在他们都发挥了各自的特长。

企业用人也是，一定要择长而用，不要渴求有十全十美的人，若真是十全十美，还会到企业来吗？早供奉到庙里等人们烧香了。

对于这些人的错误呢？一定要“容”。

曹操就是如此，能容人之过，有忍人之量。

魏种在吕布偷袭兖州时，背叛曹操，投了袁绍。后来曹操活捉了魏种，曹操惜其才而仍然信用，委任为河内太守。陈琳为袁绍草檄文，辱骂曹操，辱及三代，陈琳被俘谢罪，曹操宥而不问。张绣在与曹操敌对战争中不仅杀了曹操的长子曹昂和侄儿曹安民，而且还伤了曹操。后来张绣投降，曹操不计前嫌。曹操与张绣，还结为儿女亲家，曹操娶张绣之女为儿媳。张绣立功封侯。官渡之战，曹操打败袁绍，缴获了许多部属、公卿以及地方大吏通敌的信件，曹操当众烧毁。曹操说：“袁绍强盛时，连我都有些害怕，何况众人呢！”显得十分豁达自信。曹操待人接物，平等谈话，没有架子，有一种亲民的情结。也许曹操是作秀，确也给人好印象。

事实证明，曹操用人，取得了很大成功。他没有对他的部下整天嚷嚷“你们要对我感恩，你们要感谢我给你们地位，给你们美女”，但是他的部下都是很忠诚的，所以，他才能赢得三分之二的天下。

假如一个员工对企业将要感恩的时候，你却在他面前大肆宣扬你对他的功绩之大，要求他感恩于你，那么，他原本所有的感恩之情恐怕也就烟消云散了。我相信大多数员工现在都是厌恶企业所宣扬的表面意义上的感恩文化的，即使有不厌恶的，也是极少数“心地格外善良者”。其实，如果你真的对员工非常好，那么员工就会从心底感恩你，用不着你的任何提醒，只有发自肺腑的感恩才是真实的。